말씀의 불꽃

FRANÇOIS CASSINGENA-TRÉVEDY OSB
Moine de Ligugé
QUAND LA PAROLE PREND FEU
Propos sur la *lectio divina*

Copyright © 1999 by Abbaye de Bellefontaine, Bégrolles-en-Mauges
All rights reserved.

Translated by Paul (In-Seok) SYE
Korean translation copyright © 2002 by Benedict Press
Waegwan, Korea

Published by arrangement with Abbaye de Bellefontaine
Bégrolles-en-Mauges

말씀의 불꽃
2002년 3월 초판 | 2016년 10월 3쇄
옮긴이 · 서인석 | 펴낸이 · 박현동
ⓒ 분도출판사
등록 · 1962년 5월 7일 라15호
39889 경북 칠곡군 왜관읍 관문로 61
출판사업부 · 전화 02-2266-3605 · 팩스 02-2271-3605
인쇄사업부 · 전화 054-970-2400 · 팩스 054-971-0179
www.bundobook.co.kr
ISBN 978-89-419-0212-6 03230
값 8,000원

이 책의 한국어판 저작권은
Abbaye de Bellefontaine와의 독점 계약으로 분도출판사에 있습니다.
저작권법에 의해 한국 내에서 보호를 받는 저작물이므로
무단 전재와 무단 복제를 금합니다.

프랑스와 까쌩제나-트레베디

말씀의 불꽃
거룩한 독서 lectio divina 에 관한 이야기

서인석 옮김

분도출판사

추천의 말

최근 10년 사이, 교회 안에서 "렉시오 디비나"lectio divina 운동이 세차게 일기 시작한 것은 매우 바람직한 일입니다. 이런 열풍이 성직자, 수도자들뿐만 아니라 일반 신자들에게도 일어나고 있는 이유는 무엇입니까? 기존의 "묵상"meditatio 방법은 복잡하고 어려워 신학생이나 수도자들의 전유물로 치부되어 왔습니다. 행여 일반 신자들이 성체조배나 묵상을 하려면 잡념(분심)이 더 많이 드는 것을 경험했을 것입니다.

"렉시오 디비나"라는 말이 지니고 있는 풍부한 내용은 우리말로도 서양 현대어로도 충분히 나타내기 어렵습니다. 그래서 서양에서도 그냥 "lectio divina"를 쓰는 경우가 많습니다. "lectio divina"는 명사 lectio(독서)와 형용사 divina[신적(神的)]로 되어 있는데 여기서 "divina"는 "하느님의 말씀", 즉 성서를 뜻합니다. 그래서 "성경 독서", "거룩한 독서" 또는 "성독"聖讀으로 번역할 수 있습니다. 성서에 관한 지식을 쌓기 위해서라면 성서를 읽거나 성서에 관한 주석서를 읽을 수 있습니다. 그러나 "렉시오 디비나"는 이런 식의 독서와는 달리 거기서 풍성한 결실을 얻는 영적 실습 과정을 말합니다. 이것은 성서가 "하느님의 말씀"이라는 믿음에 기초를 두고 있습니다. 사실 초대 교회의 교부들은 성서를 "읽는다" 하지 않고 "듣는다"고 하였습니다. 그들은 성서가 성령의 영감을 받아 쓰여진 하느님의 말씀이라고 인정하는 데 그치지 않고, 주님께서 그 말씀 안에 현존하신다는 성사성을 믿고 있었습니다. 성서를 이렇게 읽을 때, 성서는 책에 기록된 "글자"의 차원을 넘어 하느님의 생생한 말씀, 더 나아가 그 말씀을 하느님 자체로 받아들여지게 됩니다.

12세기의 귀고 2세 아빠스는 렉시오 디비나의 네 단계를 말합니다. 어떤 성경 대목을 읽을 때(lectio), 마음에 와 닿는 구절이 있으면, 마치 소가 여물을 되씹으면서 소화시키듯이, 그것을 계속 되뇝니다(ruminatio 또는 meditatio). 그 성서 말씀을 계속 되뇌다 보면, 그 말씀이 마음속에 완전히 스며들게 되고, 그 말씀을 통해 현존하시는 하느님께 자연스럽게 기도(oratio)를 바칠 수 있게 됩니다. 이러한 기도가 깊어질수록 하느님과 일치를 이루는 관상(contemplatio)으로 발전하게 됩니다. 이런 네 단계가 다 이루어진다면 더할 나위 없이 바람직한 일이겠지만, 둘째 단계 또는 셋째 단계까지만 이르러도 훌륭합니다. 최초의 회수도원 규칙서인 『파코미우스 규칙서』에

의하면 수도자들은 성무일도에서 바친 성경 구절을 성당에 나오면서 또는 골풀로 바구니를 짜는 일을 하는 도중에 계속 되뇌었다고 합니다. 이것은 요즈음의 가정주부나 직장인도 어렵지 않게 실천할 수 있는 것입니다. 예컨대 아침 미사에 참여한 이라면 미사 복음 중에서 마음에 와 닿은 어느 구절을 하느님이 오늘 나에게 하시는 귀한 말씀으로 여겨 집안일을 하면서나 출퇴근 길에 정성스럽게 되뇌어 보십시오. 그러다 보면 하느님께 드리고 싶은 말씀이 마치 "화살기도"처럼 우러나올 것입니다. 이처럼 "렉시오 디비나"는 어려운 이론이나 복잡한 방식에 얽매어 본질을 잃어버리는 것이 아니라, 간편한 방식으로 하느님의 말씀을 자신 안에 내면화하고 육화시키는 것입니다.

"렉시오 디비나"를 베네딕도회적 전통이라고 흔히 말합니다. 『베네딕도 규칙서』에 수도승은 매일 적어도 2시간 이상 독서하라고 되어 있습니다. 게다가 6세기부터 적어도 12세기까지는 서방 교회의 수도생활은 거의 베네딕도회였고, 그 이후에는 수도승적 전통이 베네딕도회 안에 이어져 오기 때문입니다. 그러나 앞에서 말씀드렸듯이, "렉시오 디비나"는 성 베네딕도보다 훨씬 이전인 초기 교회의 수도 전통에서 나옵니다만, 베네딕도 수도원 안에서 면면히 이어져 왔습니다.

이 책의 저자이며 베네딕도회 수도승인 프랑스와 까쌩제 나트레베디는 매일의 실습에서 우러나온 생생한 체험들을 마치 시처럼 묘사하고 있습니다. 성경 안에 현존하시는 하느님, 그분과 우리와의 인격적인 만남, 그 만남으로 이루어지는 풍성한 결실들을 여러 각도에서 묘사하고 있습니다. 게다가 성서에 관한 그의 해박한 지식, 예술과 문학에 관한 폭넓은 식견에 놀라움을 금치 못합니다. 이러한 주옥 같은 글을 우리말로 깔끔하게 번역해 주신 서인석 신부님께 감사드립니다. 사실 번역은 제2의 창작이라 하는데, 신부님의 멋진 번역은 이 책의 값어치를 그만큼 돋보이게 합니다. 서 신부님은 "렉시오 디비나"에 심취하여 직접 지도하고 이에 관한 책을 많이 내신 분입니다. 독자들이 "렉시오 디비나"의 진미를 맛보는 데 이 책이 크게 도움 되리라 믿습니다.

2002년 봄
성 베네딕도회 왜관수도원
이형우 시몬 베드로 아빠스

책머리에

거룩한 독서lectio divina의 수행은 어떤 의미로 **음악 연주회에 간다**는 말로 표현할 수 있다. 다시 말해 **세밀한 독서**lectio를 통해 마리아님, 성조들, 예언자들, 사도들, 교회의 교부들, 파스칼, 클로델 … 등과 함께 교향곡 연주장에 가는 것과도 같다. 그리하여 성경 텍스트와 그 등장인물들은 연주되기 시작하는 음악과 함께 바야흐로 진동하기 시작한다. 이 음악은 성경 속에 깊이 신령스런 노래의 엄청난 폭과 깊이를 지고한 자유로써 드러내 보여준다. 단어들, 구절들, 등장인물들은 유일한 한 중심의 주위를 맴돌며 **무도회**를 연다: 그 중심은 그리스도의 신비. 춤을 추는 사람들은 모두 보이지 않는 숨결을 통해서 아름다운 선율과 함께 일사불란하게 움직이지만, 그들을 춤추게 하시는 분은 언제나 영감을 내리시는 **성령**이시다.

성경 각권의 동산으로 깊이 들어가기, 거기서 저녁 산들바람 속에서 주님과 함께 산책하기. 이것은 그대의 모든 자원, 모든 능력, 모든 에너지를 총동원하게 한다. 그대는 조금씩 은총의 효력 아래에서, 성경의 넓은 길들이 어떻게 모두 하나같이 성경의 마음, 마리아의 마음 그리고 교회의 마음인 예수 그리스도라는 신비를 향해서 서로 교차되고, 일치하며 또한 수렴되는지를 발견한다. 침묵과 평화 속에서 그대도 모세처럼 황홀경에 도달한 자신을 만나게 될 것이다. 성경은 그의 황홀경에 관해 이렇게 전한다: "주님께서는 마치 사람이 자기 친구에게 말하듯, 모세와 얼굴을 마주하여 말씀하시곤 하였다"(출애 33,11).

그림 그리기와 마찬가지로 **세밀한 독서**는 애청자·관람자가 말로 다할 수 없는 것, 보이지 않는 것을 발견하기 위해서 주의를 집중시키고, 응시凝視하며 관조觀照할 것을 요구한다. 프라 안젤리코와 렘브란트는 하나의 독서를 완성하는 도중에 있는 인물들을 그들의 화폭에 담아 살아 움직이게 했다: 도미니코 성인과 나이 많은 여자는 **말씀과 사랑에 빠진 이에게** 자신이 어떤 **존재가 되어야 하고, 어떤 존재가 될 수 있으며, 자신이 누구인가**를 마치 거울처럼 비추며 가르쳐 주고 있다. 책은 펼쳐져 있다: "집어들고 읽어라!"tolle et lege!(아우구스티누스).

끝으로 이 책이 나오기까지 많은 도움을 주신 분들께 이 자리를 빌려 감사드리고 싶다. 우선 경남 고성의 올리베따노 수도원에 계시는 이연학 수사님은 이 소책자의 초벌 번역을 모두 세밀하게 교정해 주셨다. 본인이 놓친 부분까지 정성을 기울여 원문과 대조해 주셨기에 어떤 의미로 이 책은 이 수사님과 공역이라 해도 과언이 아니다. 수사님은 뛰어난 문학적인 소질이 있어서 본인이 어렵게 표현한 것을 아주 쉽고 수려한 문장으로 바꾸어 주셨다. 뜻 깊은 "추천의 말"을 써 주심으로써 이 책의 가치를 한층 돋보이게 해 주신 성 베네딕도회 왜관수도원의 이형우 아빠스님께도 감사의 말씀을 드린다. 그리고 본인의 조교 이옥희 역시 평신도로서 이해하기 어려운 부분들에 대해 아낌없이 의견을 주며 교정에 참여해 주어서 고마움을 전한다. 분도 회원인 까쌩제나트레베디 신부님의 이 글은 그야말로 **거룩한 독서**의 진수를 현대인들에게 아주 쉽고 재치있게 스케치해 주었기에 많은 이들이 **거룩한 독서**를 하는 데에 기여하리라 믿는다.

2002년 봄
서 인 석

차 례

추천의 말 • 4
책머리에 • 8
들어가는 말 • 15

1. 펼쳐진 책으로 • 21
2. 그대에게 온 편지 • 25
3. 그대는 정녕 배가 고픈가? • 31
4. 세상의 세 기둥 • 35
5. 읽는다는 것은 힘든 작업 • 37
6. 열린 마음으로 • 39
7. 성경적 인간 • 43
8. "이 책을 먹어라!" • 49
9. 탕자를 위한 교향곡 • 55
10. 마음의 실험실 • 59
11. 성경 용어 색인 • 65
12. 우물을 파라, 사다리를 올라가라! • 71
13. "내 영을 너희 안에 두리라!" • 81
14. 두 개의 동산 • 93
15. 모든 것을 휩쓸어 가는 강 • 99
16. 텍스트, 컨텍스트, 계기 • 103
17. 꽃으로 피어난 자음들의 동산에서 • 107
18. 불타는 자음 • 111
19. 오늘 • 115
20. 대성당을 위한 돌 하나 • 117
21. 거대한 열정 • 125

파 견 • 131
나오는 말 • 133

프라 안젤리코, 「조롱당하시는 그리스도」
피렌체 산 마르코 미술관 소장

들어가는 말

조롱당하시는 그리스도께 대한 세부 묘사는 **거룩한 독서**라는 새로운 이름을 이 그림에다 붙여주고 싶을 정도로, **렉시오 디비나**의 수행법을 상징적으로 아름답게 묘사하고 있다.[1] 과연 그림 속에 있는 이 도미니코 성인을 통해서, 프라 안젤리코는 바로 **거룩한 독서**와 연관된 하나의 이상형, 이 독서의 참다운 영성을 우리에게 암시한다. 성인의 독서하는 모습에서 평온한 근엄함, 강렬한 내면 생활의 인상이 풍긴다. 강렬한 인상 … 그러나 그 모습에는 긴장감이 전혀 감돌지 않는다. "빛의 아들 한 사람"(1데살 5.5)이 있을 뿐이다.

성인의 머리 위에 있는 **별**은, 어느 날 "아기가 있는 곳 위에 멈추어 섰던"(마태 2.9) 그 신령스러운 별을 생각나게 한다. **말씀**Verbum이 거처하시는 곳에 멈추어 선 그 별 말이다. …

그리고 이 별은 또 오순절, 성령강림의 날에 사도들 위에 내려앉았던 "불 같은 혀"(사도 2,3)도 우리의 뇌리에 떠올리게 한다. 대 그레고리오 성인의 비둘기와도 같이, 이는 성령의 현존, 비밀스러운 도우심을 형상화하는 또 하나의 방식이다. 이 별을 통해 프라 안젤리코는 **거룩한 독서**의 수행이 **성령과 성모 마리아의 감도로** 이루어진다는 사실을 우리에게 상기시켜 준다. …

동방교회의 이콘(성화상)에서처럼, 성인의 오른손은 길며 가늘고 섬세하다. 오른손은 눈에 잘 띄지 않는 **축복의 몸짓**을 그리고 있다. 오른손이 부드럽게 받치고 있는 턱은 질문의 자세다. 그는 진정으로 거룩한 책을 탐색하고 있다. 그는 이 책에 질문을 던지고 있고 또 자신에게도 물음을 던진다: **거룩한 독서**는 참으로 **탐구 그 자체**다. "믿음은 이해를 추구한다"[2]라는 라틴어 격언에서처럼 말이다. 오른손에 직각을 이루는 왼손 — 십자가의 두 측면 — 은 거룩한 책장을 넘기려는 자세다: 거룩한 책은 언제나 더 멀리 나아가라고 초대하고, 그 첫 쪽에서부터 마지막 쪽에 이르기까지, 끊임없이 정독할 것을 권유한다. 하느님의 책은 계속 잇달아 오는 속편이 있다.

책은 무릎 위에 활짝 펼쳐져 놓여 있다. 거룩한 책은 앉아 있는 이 사람의 허리에서 무릎까지의 부위를 온통 차지한다. 하느님께서 꿰뚫어보시는 콩팥과 심장의 자리다. 이 성인의 몸은 깊이있게 내면화되어 있는 사람의 그것이다.

오른쪽 다리는 구부리고 있지만, 왼쪽 다리는 펴고 있다: 이 같은 몸가짐은 언제라도 일어설 준비가 되어 있는 태세, 또 씌어져 있는 내용을 곧바로 실행에 옮기려는 채비를 갖춘 유연한 자세를 표상한다. **거룩한 독서**는 **삶** 속에서 꽃망울을 터뜨린다.

하지만 잊지 말아야 할 것이 있다. 그것은 이 그림의 성 도미니코가 단지 작품 전체의 한 부분이란 점이다. 그리스도께서는 연단 위에서 의자에 앉으신 채 뺨을 얻어맞고 침뱉음 당하시는 모습으로 묘사되어 있고, 도미니코는 그 연단 발치에 앉아 있다. 그가 그리스도를 쳐다보지 않고 깊은 독서삼매에 들어 있다는 점이 호기심을 자아낸다. 그리스도께 대한 부주의, 무관심의 발로일까? 결코 그렇지 않다. 책의 왼편 각도, 오른손의 집게손가락, 눈의 이음새와 별은 계속 연장되어 그리스도의 얼굴로 인도하는 한 축을 그리고 있다는 점을 관찰한다면 이를 충분히 이해할 수 있다. 이 독자는, 책 속에서 마치 거울 안에서처럼, 그리스도의 얼굴을 발견하고 있는 것이다. 그는 책 속에서 **주님의 고통당하는 종**에 대한 예언의 완성을 읽고 있다. 그는 책 속에서 "예수에 관한 이야기 전부"(루가 24,27)의 정확성을 확인하고 있다. 그는 또 수난 안에서 거룩한 책들이 완성(요한 19,3)되고 있음을 알아듣고 있다. 연단의 발치에 앉아 있는 이 성스러운 독자는, **거룩한 독서**의 모든 것이 **파스카 신비, 십자가** 아래에서 수행된다는 점을 우리에게 상기시킨다.

성 도미니코는 그리스도의 발치에 혼자 있지 않다: 정확하게 대칭되는 자리에 마리아님도 앉아 계시다. 그런데 성모님은 거룩한 책을 가지고 있지 않다. 마리아님은 책을 더이상 필요로 하지 않는다. 이분은 이미 거룩한 말씀을 완벽하게 내면화했고 완성시켰기 때문이다. 마리아님, 이분은 바로 교회다. 결국 프라 안젤리코는, **거룩한 독서**가 **교회 안에서, 교회와 함께**, "그 모든 일을 당신 마음속에 새기어 곰곰이 생각하는"(루가 2.19) 동정 마리아님 — 곧 교회 — 과의 영속적인 대화 안에서 수행된다는 점을 우리에게 그림을 통해 일러주고 있다.

끝으로 안젤리코는 이 도미니코 성인을 통하여 성령께서 육신에 내주(內住)하실 때 사람의 모습이 어떻게 되는지를 보여주고 있다. 오랜 침묵의 수행 끝에 드디어 육신은 온전히 투명해져서 하느님의 빛을 형형하게 반사하고 있다. 관조의 삶, 축성생활[3], 그리고 수도승 생활이 절정에 도달하여 침묵과 빛, 그리고 평화와 내적 기쁨으로 환하게 빛나고 있는 모습이 묘사되고 있는 것이다. 이 모든 것은 그 별의 인도하심에 대한 유순한 내맡김, 그리고 "눈을 밝혀주는"(시편 19.9) 밑도 끝도 없이 깊은 성경의 묵상을 통하여 이루어진다. 이 그림은 **거룩한 독서**가 최종 목적지에 도달했을 때의 모습을 묘사해 주고 있다.

주

[1] 이탈리아 피렌체의 성 마르코 수도원에 있는 그 유명한 화가 프라 안젤리코(Fra Angelico, 1395~1455)의 프레스코화. 이 화가는 형제 수사들의 거룩한 독서를 돕기 위해서, 성경의 많은 장면을 아름다운 그림으로 우리에게 남겼다.

[2] Fides quaerens intellectum.

[3] 수도생활.

1

펼쳐진 책으로

거룩한 책들로 구성된 책은 거기, 그대의 책상 위에 펼쳐진 채로 놓여 있다. 이렇게 책은 온종일 그렇게 놓여 있어야 할 것이다. 그대가 규칙적으로 수행하는 **거룩한 독서**의 시간이 끝났을 때에도, 그대가 열중해야 할 다른 공부가 무엇이든지 상관없이, 이 책은 언제나 원천, 준거, 척도로 남아 있을 것이기 때문이다. 사람들이 그대의 독방 안으로 들어왔을 때, 즉시 그 책의 현존이 그들의 시선에 들어와야 할 것이다. 그대가 독방생활에서 유지하려고 애쓰는 질서의 유일한 목적은 바로 이 책에 영예를 드리고 바로 이 책을 뚜렷이 드러내는 것이어야 하기 때문이다.

그대는 거룩한 성사聖事를 독방에 모시는 행복함을 가질 수는 없지만, 그대의 손길이 자유롭게 닿을 수 있는 곳에 거룩한 책들을 모시고 있다: 이는 사적으로 모시고 있는 그대의 감실. 그대는 이 책을 독서대 위에 모셔둘 수 있고, 그 앞에 밤낮으로 등불을 켜둘 수도 있으리라. 책을 펴들기 전에 이 책을 향해 머리를 살짝 숙여 인사하는 것, 그대가 책을 접기 전에 그대의 독서가 남긴 페이지에 입맞춤을 하는 것, 사제가 복음 환호송 다음에 하듯이, 무릎을 꿇어서 읽는 것도 그대에게 금지된 것은 아니다.[1] … 특별히 그대는 이 거룩한 책을 여타의 다른 책들처럼 다루지 않도록 신중을 기하며 조심할 것이다. 예를 들어, 이 책을 쌓아둔 책더미 속에 끼워둔다든지, 아무렇게나 소홀히 들고다니는 일을 삼갈 것이다.[2] 이것이 우상숭배라든지 물질경배를 뜻하는 것은 아니다. 이것은 정신의 섬세함이다. 성경 안에 이루어진 말씀의 육화 역시 예수 그리스도의 위격 안에 이루어진 육화와 마찬가지로 낮추임을 받으셔야만 했기 때문이다. 다시 말해 살아 있는 하느님의 말씀께서 한 권의 책 안에, 그 물질성 안에 들어오시어, 사람이 쓴 다른 모든 책들과 비슷하게 되셨고, 그리하여 여타의 책들과 같은 역사와 변천 과정도 겪으셔야 했던 것이다.

밤기도 전에, 잠에서 깨어나자마자 바로 이 책 위로 그대의 시선이 모아져야 할 것이다. 이 책은 또한 저녁에 잠들기 전에 그대의 마지막 책이 되어야 한다. 태양에 앞서 오는 책, 그리고 해가 진 후의 책. 아침[3]과 저녁, 온종일과 한밤중, 그대가 살아갈 날들의 매일에 알파요 오메가의 책. 언제나 그대의 책상 위에 펼쳐 놓아둔 책, 주님께서 그대를 위해 차려놓으신(시편 23.5 참조), 그대 책상 위에 진설된 빵. 그대 독방의 책상을 제단처럼 여기라. 교회의 보고 안에 모셔진 두 개의 식탁 중 하나로 여기라.⁴ **말씀의 식탁**tabula Verbi과 **빵의 식탁**tabula Panis 중에서, 어느 식탁이든 상관없이 그대는 기쁨으로 나아갈 것이다(시편 43.4 참조).

밤낮으로 주님의 율법을 묵상하고, 아직 열려 있지 않은 문을 두드리며, 삼위일체⁵의 빵들을 모시는 일에 우리의 즐거움을 두자!

주

[1] "십자가에 절하고 그다음에 그대는 복음을 손에 집어들어라. 복음을 그대의 눈과 마음 위에 놓아두어라. 그대는 땅바닥에 앉는 일이 없이 십자가 앞에서 두 발로 서 있어라. 그리고 그대가 읽고 있는 각 장마다, 책을 방석 위에 모셔두고, 묵상하고 읽기에 합당한 자로 그대를 만들어 주신 분을 향해 감사의 기도를 드리며, 그 방석 위의 책을 향해 열 번이라도 큰절을 올려라. …" Joseph HAZZAYA(7세기 인물), *Lettre sur les trois étapes de la vie monastique*, 74, *PO* 202, 345.

[2] "그리고 주님의 아주 거룩한 이름들, 그리고 그분의 거룩한 말씀을 담고 있는 필사본들, 그들이 있어서는 안되는 자리에 버려진 것을 발견하면, 나는 매번 그들을 모셔올 것을 원한다. 그리고 나는 사람들이 그들을 거두어들이어 좀더 품위가 있는 곳에 모실 것을 원한다." 아씨시의 성 프란치스코, 「유언」, 12.

[3] "… 그대는 아침에 기쁨을 주는 이슬에 젖은 말씀의 목장에서 꽃을 따고 있다. …" 놀라의 바울리누스(Paulin de Nole), *Epist.* XI, "ad Severum", 8, *PL* 61, 195c.

[4] 「그리스도를 본받아」(*Imitation de Jésus Christ*), L. IV, XI, 24 참조.

[5] Jérôme, *Epist.* XXX, "ad Paulam", 13, Belles Lettres, t. II, 35.

2

그대에게 온 편지

식탁은 그대를 위해 차려져 있다. 거룩한 책은 그대를 위해서 씌어졌다. "나를 위해서 두루마리 책 속에 적혀 있기를 …"(시편 40.8). 이 구절의 히브리어 표현에 대한 우리말 음역: "비머길라트 세페르 카투브 알라이" … 나를 위해서 씌어졌다니! 정확히 말해 바로 여기에 이 책과 다른 모든 책 사이의 기본적인 차이점이 드러난다. 이 책은 특별히 나를 위해서, 책 전부가 나 자신을 위해서 씌어진 것이다! 이 거룩한 책은 바로 나와 그대에게 말씀을 건네시고 있다. 그러자 대 그레고리오 성인은 거룩한 책을 "전능하신 하느님께서 당신의 피조물에게 써보낸 한 장의 편지"[1]라고 정의할 수 있었다.

만일 그대가 아주 오래전부터 대단히 귀중한 친구로부터 날아올 한 장의 편지를 기다리고 있다면, 속을 태우며 우편

배달부를 기다릴 것이다. 그러다가 편지가 도착하면, 그대는 얼른 봉투를 열고 이것을 읽을 것이다.[2] 하느님께서는 그대에게 사랑의 편지를 한 통 써보내셨다. 사연이 아주 긴 편지 말이다. 그분은 그대에게 매일 이 **편지 보내기**를 거듭하신다. 그런데 어떻게 그대가 이 편지를 화급히 받아, 읽고 다시 읽으며 그 내용을 완전히 암기할 정도가 되지 않을 수 있겠는가?

참다운 **거룩한 독서**에 도달하기 위해서, 우리 안에 **수신인의 정신 상태**를 얻어 유지하는 것이 절대적으로 필요하다. 다시 말해, 성경은 우리에게 사사로이 개인적으로 말씀을 건네고 계시다는 사실을 확신하고 있어야 한다. 우리 안에 이런 확신이 서 있지 않는 한, 참다운 **거룩한 독서**는 존재하지 않는다. 혹은 이런 확고한 인식이 없으면, **거룩한 독서**는 세속적인 독서와 구별이 되지 않을 것이다. 성사를 모시거나 묵상기도를 할 때와 마찬가지로 **거룩한 독서** 역시 "네게 말씀하시는 분"과의 **인격적인 만남**의 자리다 (요한 4,26; 9,37).[3] 그러므로 이론적이고 피상적인 독서가 아닌 **접촉을 위한 독서**lecture-contact, **만남을 위한 독서**lecture-rencontre가 대신 자리잡아야 한다.

따라서 "나를 위해서 씌어진 하느님의 편지"라는 표현은 세 가지 사실을 의미한다. 먼저 나는 성경의 **수신인**이다. 성경적 인간학의 용어로 표현하자면, 이것은 하느님께서 "나의 마음에다 말씀을 하시고 있다"는 사실을 의미한다:

> 그러므로 이제 나는 그 여자를 유혹하여,
> 광야로 데리고 가서
> 그녀의 마음에다 말을 하리라(호세 2.16).

그리고 텍스트는 다음의 말씀으로 이어진다:

> 거기에서 그 여자는 젊었을 때처럼 응답하리라(17절).

전능하신 하느님께서 당신의 피조물에게 써보낸 편지는 답장을 호소한다. 우리 회개의 첫날들, **우리 청춘시절의 첫날들에**, 아마도 우리는 경이로움과 함께 열광적으로 그 편지에 답장을 쓰곤 했을 것이다.[4] **거룩한 독서**는 우리 갈망의 대상이었고 감미로웠다. 그러나 시간이 흐름에 따라, **거룩한 독서**는 의무적으로 부과된 훈련, 매력도 없는 요식행위가 되어버렸을 것이다. 그런데 우리에게 편지를 써보내신 분이 비밀스럽게 이렇게 경고하신다: "나는 네게 나무랄 것이 있다. 그것은 네가 처음에 가졌던 사랑을 저버렸다는 것이다"(묵시 2.4). 주님은 매일 아침 우리에게 당신 성경의 동산을 열어주신다. 그리고 카시시아쿰의 동산에서 아우구스티누스에게 "들고 읽어라, 들고 읽어라!"는 내적 음성이 들렸듯이, 이 성경의 동산을 거니는 우리의 내면에서도 같은 음성이 울려퍼진다. 베네딕도 성인이 자기 규칙서의 머리말에서 하고 있는 말씀을 주님께서는 성경을 펼칠 때마다 우리에게 하고 계신 것이다: "나는 이제 너에게 이 말을 하는 바이다."[5] … 그분은 우리가 주의깊은 시선으로 깨어서 알아듣기를 간절히 원하고 계시다: "내가 말하고 있는 사람은 바로 너다."

다음으로 **나에게 써보낸 편지**라는 표현은 바로 나 자신이 이 편지의 소재란 뜻이다.[6] 거룩한 책은 나의 창세기에서 시작하여 나의 묵시록에 이르기까지 나의 고유한 역사를 나 자신에게 이야기한다. 아브라함, 모세, 다윗, 예언자들과 사도들은 결국 매일 신문에 언급되는 시사성을 지닌 유명인들의 이름보다 더 나와 가까운 동시대 인물들이다. 나는 유명한 이름들을 신문에서나 읽어서 알지만, 반면 앞에서 언급한 이름을 가진 분들과 나는 매일 함께 살아가고 있으며, 또 영원히 새롭고 진실된 그들의 역사 속에서 나는 나의 소명, 나의 죄, 나의 뉘우침의 역사를 읽고 있기 때문이다.

끝으로 **나에게 써보낸 편지**라는 표현은, 하느님께서 내가 쉽게 접근할 수 있고, 또 알아들을 수 있는 내 눈높이의 언어를 구사하기 위해서 무척 부심했다는 뜻이다.

공생활의 시초에 예수님은 나자렛의 회당 안으로 들어가셨다. 그러자 사람들은 그분에게도 **책의 두루마리**를 읽으라고 주었다. 이때에 예수님은 **거룩한 독서**에 관해 위엄있고 훌륭한 가르침을 주었다. 그것은 무엇보다 먼저, 당신 몸짓의 근엄함과 위풍당당함을 통해서다(루가 4,17.20). 예수님에게 처럼 우리 각자에게도 **머길라**,[7] 곧 두루마리의 **열기**와 **닫기**

는 장엄한 행위가 되어야 한다. 그러나 우리가 특별히 주목해야 할 점은, 방금 읽은 대목에 대한 예수님의 즉흥적인 주석이다:

> 이 성경 말씀은 **오늘** 여러분이 듣는 **귓전에서** 이루어집니다(루가 4.21).

예수님은 당시에 당신을 경청했던 사람들을 위해서, 이사야의 예언 말씀이 오늘 당신 안에서 그 완성을 보고 있었다는 사실을 명백하게 의식하고 있었다. 그리고 그전에, 당신 자신이 텍스트를 읽음으로써, 그 말씀이 당신 자신을 위해서도 완성되고 있음을 뚜렷이 의식했다. 이처럼 거룩한 책을 펴들고 읽을 때마다 **우리를 위해서도 같은 일이 발생한다**. 매일 아침, **거룩한 독서**의 축제 분위기의 시간에, 우리는 **오늘** 성경의 이 대목이 예수 그리스도 안에서 **우리를 위해서도** 완성되고 있고, 우리가 읽고 있는 대목의 그 어떤 단어도 우리를 위해서 쓰여지지 않은 것이 하나도 없다는 사실을 확신해야 한다. "나는 이제 너에게 이 말을 하는 바이다." 오늘, 아마도 마지막 날이 될 수도 있는 이 날에, 아버지께서는 당신 아들 안에서 나에게 말씀하신다(히브 1.2).

주

[1] Grégoire le Grand, *Epist*.V, 46, "à Théodose, médecin de l'empereur" (*CCSL* 140), 339.

[2] "한 젊은 약혼자가 사랑하는 자기 약혼녀의 편지를 읽듯이, 그렇게 그대는 성경을 읽기 시작할 것이다." S. Kierkegaard.

[3] "그대는 열성을 다해 독서와 마찬가지로 기도를 실천하라. 어떤 때 그대가 하느님께 말씀을 드리고, 어떤 때에는 하느님께서 그대와 말씀을 나누신다." Cyprien, *Ad Donatum*, 15, *SC* 291, 113.

[4] "거룩한 책의 모든 것을 통해서 하느님께서 우리에게 말씀하시는 유일한 목표는 단 한 가지뿐이다: 당신 자신과 이웃 사랑으로 우리를 인도하기 위함이다." Grégoire le Grand, *Homélie X*, "sur Ézéchiel", 14, *SC* 327, 398. "애덕으로 가지 않는 모든 것은 형상이다. 거룩한 책의 유일한 대상은 사랑이다. 유일한 목표로 가지 않는 모든 것은 그것의 형상이다. 성경에는 유일한 목표가 존재하기 때문에, 이 목표로 가지 않는 모든 것은 그 고유한 단어들 안에 형상화되어 있을 뿐이기 때문이다." Pascal, *Pensées*, éd. H. Massis, 1935, 409.

[5] Ad te ergo nunc mihi sermo dirigitur.

[6] "(우리가 성경을 읽을 때는) 어떤 논증이나 설명, 훈계 앞에서 그러하듯 단순히 수동적인 자세를 취하지 않는다. 오히려 우리는 우리가 읽고 있는 것이 되어버린다. 누군가가 우리 자리에서 이야기하고 우리는 그의 자리에서 설쳐대고 있다. 예컨대 다윗이 용서를 청하고 있는 장면에서 정작 용서를 청하고 있는 이는 우리 자신이다. …" P. Claudel, *Introduction au livre de Ruth*, Desclée, 1938, 69. "성경은 역사요 사건이다. 마찬가지로 하느님 앞에서 그리고 하느님과 함께하는 각 개인의 삶도 역사요 사건이다. 그러나 성경은 본원적인 하나의 역사와 사건을 이야기하고 포함한다. 바로 이 두 사실을 출발점으로 해서, 독특한 삶의 모든 것이 처음으로 참다운 역사와 사건이 된다." Hans Urs von Balthasar, *La Prière contemplative*, Desclée, 1959, 29-30.

[7] 이제부터 히브리어 표현은 우리말로 음역해서 표기할 것이다.

3

그대는 정녕 배가 고픈가?

제 3시경三時頃[1]이 다가오면, 잠자리에서 일어난 이후로 이미 여러 시간이 흘러갔으니만큼, 자연스럽게 우리의 배가 고파온다. … 그러나 또 다른 하나의 시장기가 동시에 우리에게 다가와야 할 것이다. 사실 이 배고픔이 더욱 절실한 것이다: **렉시오 디비나**, **거룩한 독서**의 몫으로, 경이로운 수도원 식사가 우리에게 제공하는 하느님 말씀에 대한 배고픔이다.

거룩한 책 그 자체가 이 굶주림에 대해서 말씀하는 것을 들어보자:

> 그분께서 너를 낮추시고 굶주리게 하신 다음, 너도 모르고 너의 조상들도 몰랐던 만나를 먹게 해주었다. 그것은 사람이 빵만으로 살지 못하고, 주님의 입에서 나오는 모든 말씀

으로 산다는 것을 네가 알게 하시려는 것이었다(신명 8,3; 참조:
마태 4,4).

당신 말씀을 발견하고 그것을 받아 먹었더니
그 말씀이 제게 기쁨이 되고
제 마음에 즐거움이 되었나이다(예레 15,16).

보라, 그 날이 온다. ─ 주 하느님의 말씀이다 ─
내가 이 땅에 굶주림을 보내리라.
양식이 없어 굶주리는 것이 아니고,
물이 없어 목마른 것이 아니라,
주님의 말씀을 듣지 못해 굶주리는 것이다(아모 8,11).

"나"를 먹는 이도 또한 "나로 말미암아" 살 것입니다(요한 6,57).

음식으로써가 아니라 은총으로 마음을 튼튼하게 하는 것이 좋습니다. 음식에 관한 규정을 따라 사는 사람들은 유익을 얻지 못합니다(히브 13,9).

따라서 매일 아침마다, 그대는 자신에게 이같은 질문을 던질 수 있다: **나는 정말로 하느님의 말씀에 굶주려 있는가?** 만일 **거룩한 독서**의 단순한 전망이 그대 안에서 입맛을 돋

우지 않는다면, 그대가 아프다는 신호다. 사실 식욕상실은 심각한 질병의 증상이다. 만일 그대가 배고프지 않다면, 이는 그대가 **거룩한 독서**가 무위도식하는 사람의 사치나 지식인의 여가선용이 아니라, 생명을 구성하는 필요성, 영성적인 유기체에게 필수불가결한 기능이 있다는 사실을 참으로 아직 깨닫지 못했다는 증거다. 사실 **거룩한 독서**를 단축하는 사람, 이것을 날림으로 해치우는 사람, 이 독서를 잊고 사는 이, 이것을 자신에게 면제시키는 습관을 들이는 사람은, 아주 빨리 영양실조에 걸리고 또 권태와 빈혈의 병을 앓을 것이다. **거룩한 독서**는 우리 수도승 생활의 일과에 내재한 조명照明의 일부분, 관조의 부분에 속한다. 여기서 주님께서 우리를 먹이시고 정원에 물을 대듯 우리 마음에 물을 대주시는 것이다.

> 주님은 산의 소출로 그를 먹이셨다.
> 바위에서 나오는 꿀을 빨아먹게 하시고
> 차돌바위에서 나오는 기름을 먹게 하셨다.
> 엉긴 소젖과 양의 젖을
> 어린 양들의 굳기름과 함께 먹게 하셨다. […]
> 야곱은 먹고 배가 불렀다. …(신명 32,13-15).

만일 정말로 **거룩한 독서**로써 영적 생명 유지의 이 필연성을 느낀다면, 이것의 부재·중단은 우리 안에서 고통을 유발시켜야 할 것이다. 나중에 우리는 **거룩한 독서**와 **영양섭취**의 유사성을 다시 취급할 것이다. 이런 유사성은 **거룩한 독서**의 과정을 밝히는 데에 풍요로움을 가져오기 때문이다. 지금으로서는 이 **거룩한 독서**가 얼마나 필요한 것인지를 거듭 강조해 두는 데서 그친다.

거룩한 독서라는 개념의 연장延長에 대한 전망을 잃어버리는 일 없이 ― 사실 우리는 온종일 이 **독서**를 여러 가지 방식으로 연장시킬 수 있기 때문이다 ―, **거룩한 독서** 그 자체의 중요성을 매우 강조하는 것이 필요하다. 다시 말해 특정한 **방법**에 따라, 특정한 **빛**의 비추심 아래 거룩한 책의 **공부**에 바칠 수 있도록 **매일** 충분한 비중의 시간을 배정할 필요가 있음을 유념해야 한다.

주

[1] 수도승들이 오전 9시경에 바치는 시간전례.

4

세상의 세 기둥

우리의 삶 안에서, **거룩한 독서**의 몫으로 돌아오는 가장 중대한 자리에다 빛을 비추기 위해서, 유다인적 지혜로 알려진 아주 큰 금언의 도움을 받아보자. 이 금언은 일종의 격언집인 『피르케 아보트』*Pirqé Aboth*의 처음에 나온다. 이 격언집은 기원전 3세기 혹은 2세기경 예루살렘에 살았던 대사제 "의인義人 시메온"Siméon le Juste의 작품으로 추정된다:

> 세상을 떠받치는 세 기둥이 있다:
> **토라**(모세오경) 공부
> **아보다**(경신례敬神禮, 기도)
> 그리고 자비의 업적들.[1]

이 금언을 우리의 수도적 혹은 그리스도인적 삶에 적용하는 것은 아주 쉽다: **토라**는 바로 거룩한 책에 대한 공부다. 곧 "그리스도 예수 안에서 생명을 주는 그 영의 법"(로마 8,2)이 기록되어 있는 책에 대한 탐구이다. **아보다**는 바로 우리네 삶의 전례적·경배적·사제적인 모든 할당분에 해당된다. 끝으로 **거밀루트 하씨딤**Gemilut-hassidim은 수도승 생활이라는 틀 안에서 사회적이고도 인간적인 연대성을 구성하는 매우 특별한 형태의 활동을 뜻한다. 이것은 말하자면 형제적 애덕을 실천하는 우리의 모든 **타동사적**transitive 활동이다(이 활동이 언제나 **형제들**이라는 **목적어**, 즉 대상을 지닌다는 뜻에서).

이 세 가지 기둥 중에 하나라도 소홀히하거나, 밑을 파서 기둥의 초석을 무너뜨리는 것은, 곧바로 수도적 삶의 균형을 위태롭게 하는 것이다. 사람들은 언제나 이런저런 기둥의 우선순위에 관해 토론할 수 있을 것이다. 뿐만 아니라, **성경이 전례의 본질 그 자체를 구성하고 있고, 형제 사랑의 "새로운 계명"을 우리의 마음에 주입시켜 준다**는 의미로 **토라** 공부가 최우선의 자리를 차지하는 것이 아닐까? 거룩한 책에 대한 공부를 피상적으로 혹은 보통 알아듣는 그런 의미로만 알아듣고 말하는 것도 대단히 위험한 일이다. …

주

[1] 피르케 아보트 5,2.

5

읽는다는 것은 힘든 작업

 요컨대 문제가 되는 것은 어떤 공부인가? 바로 이 점이 우리 주제의 핵심이다. 비록 적어도 이론의 수준에서는 **거룩한 독서**의 필요성과 거룩함에 대해 잘 인식하고 있다 하더라도 실행의 수준에서 우리는 아마도 매력을 못 느끼고 있다고 해야 하지 않을까? 설혹 매력은 잃지 않았다 하더라도 적어도 실천하기가 힘겨워 헉헉대고 있다고 말해야 하지 않을까?

 매일 아침, 그대는 책상 앞에 앉아 있다. 그대는 성경 주해서들을 읽고 있지만, 결국 아직은 읽고 있는 대목에 대한 충분한 이해를 얻지 못하고 있다. … 그대는 **한눈에 반해** 이끌려가듯 성경 말씀을 체험하지 못했고, 그래서 말씀에서 불꽃이 튀어오르는 것도 보지 못했다. 그대는 밀라노의 암브로시오나 아우구스티누스, 그리고 예로니모 같은 이들이 누렸다는 그 독서삼매讀書三昧의 경지에는 도달하지 못한 것이다. 그러나 교부들이 지녔던 그 천재성과 탁월한 은사가 없다고 하더라도 그대의 독서는 어떤 은총의 상태에 도달해야만 한다는 사실을 잊지 말아야 한다. 카시아노는 **불**(火)**의 기도**에 관해서 말한다: 그렇다면 **불의 독서**도 존재한다. 그리고 그대는 이런 독서를 갈망해야 한다. 그것은 그대에게 이런 독서를 할 수 있는 **능력**capax이 있기 때문이다!

그렇다면 **거룩한 독서**에서 경험하는 이 실패와 타성의 느낌은 어디서 오는가? 그것은 그대가 아직 **인격적인** 방식으로는 성경과 정녕으로 상봉하지는 못했다는 사실에서 오는 것이다. 사실 독서는 수동적인 행동이 아니다. 독서 — 다른 모든 읽기보다도 더욱더 **거룩한 독서** — 는 하나의 **행위**다. **렉시오 디비나**는 힘든 작업, 심지어 **농사일**이라고까지 말할 수 있다! 만일 아직도 그대가 **거룩한 독서**에 매료되지 못했다면, 이는 아직도 그대가 주경야독晝耕夜讀하는 농부가 되지 못했기 때문이리라. …

6

열린 마음으로

물론 그대는 이 모든 것에 대해 "암, 그렇고말고"라고 말할 것이다. 그러나 거룩한 책은 무엇보다도 경청되어야 할 무엇, 받아들여야 할 무엇이라는 사실을 생각한다면 우리의 노력을 이처럼 강조하는 것은 펠라지아니즘 이단의 냄새를 풍기는 것이 아닌가? 이 이상한 **활동주의**activisme는 도대체 무엇인가?[1]

좀더 설명해 보자. **거룩한 독서**가 진정한 **활동**이 되고 그 이름에 걸맞게 꽃피어나기 위해서는 그 모든 과정에 다음과 같은 원칙이 필요하다. 즉, 무기력함이라든지 혹은 지성적이고 영성적인 무사안일無事安逸의 수동성과는 뚜렷이 다른 깨어남과 개방을 뜻하는 어떤 수용성의 자세가 필요하다는 것이다.

개방성: 바로 이 단어가 열쇠다! 그대가 **거룩한 독서**를 수행하기 위해서, 물론 책이 그대 앞에 펼쳐져 있어야 한다. 그러나 동시에 그대의 마음도 그대 안에서 개방되어 있어야 한다. … 그대 존재의 전부가 열려 있어야 한다.

성경적 인간은 탁월하게 개방되어 있는 사람이다. 바로 우리는 여기서 성경으로부터 뚜렷이 드러나는 영성적 인간의 항구불변하는 요소를 만나고, 또한 이 요소로부터 출발함으로써, 우리가 성장하여 무르익는 한 가지 모델을 발견한다. 성경적 인간 안에서, 모든 것이 개방되어 있다:

두 귀:

주님, 내 하느님, 〔…〕 당신은 희생과 제물은 아니 즐기시고, 내 귀를 열어 주셨나이다(시편 40,7).

주 하느님께서는 일깨워 주신다.
내 귀를 열어 주시어 내가 제자처럼 듣게 하신다(이사 50,4-5).

두 눈:

내 눈을 열어 주소서,
당신 법의 묘함을 나는 보리이다(시편 119,18).

네 눈이 너의 스승을 뵙게 되리라(이사 30,20).

마음:

그분의 말씀을 오늘 듣게 되거든,

너희 마음을 무디게 가지지 말라. …(시편 95,7-8).

안식일에 우리는 성문 밖, 유다인들의 기도처가 있으리라고 여겨지는 강가로 나갔다. 우리는 앉아서 모여든 부인들에게 이야기하였다. 리디아라는 한 부인이 있었는데 그는 티아디라 고을 출신으로 자색 옷감 장수였고 하느님을 공경하는 부인이었다. 그가 우리의 말을 새겨들었으니, 주님께서 그의 마음을 열어, 바울로가 말하는 것에 주의를 기울이게 하셨던 것이다(사도 16,13-14).

지성:
이때 예수께서는 그들의 이해력을 열어 주시어
성경을 깨닫게 하셨다(루가 24,45).

이처럼 그대가 읽을 때에는 그대의 인격 안에 있는 모든 것이 열려 있어야 한다. 그대는 온통 눈이 되어야 하고 온통 귀가 되어야 한다. 에제키엘과 묵시록에 신기하게 묘사된 생물 넷처럼 말이다. 이들은 "앞뒤가 눈들로 가득한 생물들이다"(묵시 4,6; 에제 1,5-21 참조). 영성적이라 할 수 있는 그대 존재의 모든 모공毛孔이 열려 있어야 한다. 온 대양을 흡수하기 위해서 열려 있는 스펀지의 모공처럼 말이다. 마치 깊디깊은 바닷속 같은 성경의 심연 속에서 동시에 그대 존재의 깊은 심층에서 그대 활짝 피어나라. 바로 거기서 **심연 속에 있는 하느님의 이 경이로움들을 관조하라**: "깊디깊은 곳에 있는 그분의 경이로움들"(mirabilia ejus in profundo: 시편 105,24의 불가타 역본).

그리고 입, 우리는 이 입도 잊어서는 안된다! … 입도 크게 벌려야 한다. 먹고 찬미하기 위해서 ….

너 한껏 입을 벌려 보라,
나는 곧 그 입을 채워 주리라(시편 81,11).

당신의 그 말씀이 그리웁기에,
나는 입을 벌리며 헐떡이나이다(시편 119,131).

주여, 내 입시울을 열어 주소서,
내 입이 당신의 찬미 전하오리니 …(시편 51,17).

에파타! "너를 열어라"(마르 7,34). 그러므로 그대는 영적 감각의 모든 것을 열어라. 눈을 열어라: 거룩한 책은 빛이다. 귀를 열어라: 거룩한 책은 음악이다. 입을 열어라: 거룩한 책은 생명수다.

주

[1] 5세기경 원죄를 부정하고 인간의 자유의지를 강조한 이단.

7

성경적 인간
Homo biblicus

이처럼 열려 있고, 헌신적이며, 수용력이 있어야 비로소 **행동으로** 들어가고 그리고 **작업 속으로** 진입할 채비를 갖추었다 할 수 있다. 한번 더 강조하거니와 **거룩한 독서**는 활동이요 **힘든 작업**이다. **거룩한 독서**는 엄청나게 풍요롭고도 완전한 행위로서 은총을 통하여 인간적이고 영적인 인격 전체의 모든 소양과 기능, 능력과 에너지를 총가동시킨다. 플라톤은 "온 마음을 다해 진리로 나아가야 한다"고 가르쳤다. 말씀에게로 나아갈 때에도 그대로 적용되는 말이다. 입술 끝으로 혹은 분산된 시선으로가 아니라, 몸과 마음을 온통 바쳐 나아가야 한다: **거룩한 독서는 인격적인 만남** rencontre personnelle이다.

거룩한 독서가 가동시키는 인간의 여러 기능들을 나열해 보자. 물론 제일 먼저 **지성**이 존재한다. 그런데 이 지성은 믿음의 대신덕對神德을 통해 빛을 받았고, 또 이해력·학문·지혜의 선물에 의해 지탱되는 기능이다. 우리가 놓치지 말아야 할 점은, 라틴어 동사 **이해하다**intelligere의 어원이 "인투스 레게레"intus-legere에서 파생된다는 것이다. 레게레 인투스: 물론 텍스트의 내부에서 읽는다는 말이지만, 이에 못지않게 자기 **존재의 내면성**(ab intus)을 출발점으로 해서 읽는다는 뜻도 지닌다. 그리고 여기서 시력의 중심은 생물학적 시신경이라기보다는, 오히려 "빛을 받은 마음의 눈"(에페 5,18 참조)이다!

의지volonté: 계시가 우리 마음에 새기게 하는 것은 매우 실천적인 것이다. 거룩한 책을 읽으면서, 우리는 "재빠르고 지체없는 마음"(시편 108,2; 119,60)을 가져야 하고, 읽고 있는 내용을 실천하겠다는 확고한 결심을 가져야 한다. 옛 교부들의 용어로 다시 표현하면, **관조생활**은 **수행**으로부터[1] 분리될 수 없다. 엠마오로 가는 순례자들을 두고, 대 그레고리오 성인은 다음과 같이 쓰고 있다: "그들이 하느님의 계율들을 들음으로써 빛을 받았던 것은 아니다. 그들은 이 계율들을 실천함으로써 빛을 받았다. 그래서 이렇게 기록되어 있다: 율법을 듣기만 하는 자가 하느님 앞에 의로운 자는 아니며, 율법을 실천하는 이라야 의롭게 될 것입니다"(로마 2,13).[2] 거룩한 책에 대한 참다운 주석학은 **거룩함**으로 인도해야 한다. **거룩함**이야말로 그 주석이 참된지 아닌지를 결정짓는 기준이다.

그런데 일반적으로, **거룩한 독서**와 연관되는 능력들을 살펴볼 때 — 적어도 실천적인 면에서 — 우리는 지나치게 상부적上部的 능력, 곧 지성과 의지에만 집착하고 있다. 이것은 부당한 획일화다! 이는 "향기 짙은 기름이 옷깃까지 내려서 흐름 같아라"와 "헤르몬의 이슬이 평지까지 내림 같아라" 하고 노래하는 시편을 망각하는 처사다.[3] 아마도 거룩한 독서가 곤경에 처하게 되는 것은, 지나치게 두뇌위주적이고 지적인 측면만을 강조함에 연유하고 있을 것이다. 성경을 이해하기 위해서 우리 존재의 모든 차원을 투자해야 함에도 불구하고 말이다! 여기서는 가장 보잘것없는 차원들도 똑같이 귀중하다: 이는 흔히 가장 겸허한 차원들을 통해서, 가장 높은 차원들이 얻어지고 복음화되기 때문이다.

예컨대 기억력의 우선적인 중요성을 우리는 충분하게 고려했는가? 우리의 기억 속에도 성경 말씀이 풍요롭게 쌓이고, 흘러넘치도록 가득차 있어야 하기 때문이다. 이런 목적을 위해서 적합한 것은, 기억하는 훈련을 거듭하고 유지하는 수행을 실천하는 것뿐이다. 성경 말씀을 따로 외우고 다니란 말이다. 성경적 자원을 기억 속에 담아두는 그만큼 우리가 나중에 말할 **미드라쉬적 능력**[4] 이 자연스럽게 자발적으로 형성된다.

그런데 인간의 능력에는 **상상력**과 **감수성**도 엄연히 존재한다. 그렇다면 무슨 이유로 이 상상력과 감수성을 성경 말씀으로 가득 채우지 말아야 한다는 말인가? 성경은 단순히 사변적 혹은 논리적 범주들만을 제공하고 있는 것이 아니다. 거룩한 책은 인간의 상상력과 감수성에 호소해 오는 미학적인 범주들을 비롯하여 탁월한 아름다움의 시들, 그리고 이미지의 세계로 충만해 있다. 우리가 창조계의 아름다움에 경탄할 때에는 즉시 성경으로부터 얻어온 노래들이 가슴에서 샘솟아 입으로 흘러나와야 할 것이다. 성경의 사람은 자기 존재의 심층에 형성된 성경적 골격 안에서가 아니면 그 어떤 것도 보고 듣고 느끼지 않을 것이다. 성경의 여러 장면들과 친숙해짐으로써 우리 안에 마르지 않는 **상기**想起의 능력, 관계되는 요소들을 무한정 일깨우는 능력을 함양해야 할 것이다. 한마디로 성경에 대한 총체적인 교양에 도달해야 한다는 것이다. 그리고 이러한 교양은 순전히 추상적이고 학구적인 것이 아니라, 오히려 살아 숨쉬고 풍부한 감정으로 약동하며 체험적인 성격의 것이어야 한다.[5]

성경은 인간을 구성하는 그 총체에게 말씀하신다. 그리고 바로 인간 전체가 동원되어 이 책을 읽기 위해서 몰입해야 한다. 인간적 능력들의 풍부하고도 절묘한 집합체가 총동원되는 이런 독서, 바로 이같은 독서는 우리 안에 **호모 비블리쿠스**homo biblicus(성경적 인간)로서의 **새로운 인간**을 창설하여 구축한다. 성경은 바로 우리의 한 지체요, 따뜻한 우리의 우주이며, 하느님의 손으로 심어진 복된 동산이다: 우리는 바로 이곳에 충만하게 거처해야 하며, 또 바로 여기에 우리의 모든 뿌리를 깊숙이 내려야 한다.

주

[1] Origène, *Chaîne palestinienne* "sur le Ps CXVIII", 47 (*SC* 189), 268. Maxime Le Confesseur, *Centuries théol.* II, 40, 51, 72, 74, 94 (*PG* 90, 1144, 1148, 1157, 1160, 1169); trad. dans *Philocalie*, 6, Bellefontaine, 1985, 110, 112, 117, 123.

[2] Grégoire Le Grand, *Hom. in Evang.* XXIII, 2 (*PL* 76, 1183).

[3] 시편 133,2-3 참조.

[4] capacité midrashique: 유다교의 전통적인 성서주석법의 일종.

[5] Jérôme, *Lettre* 53, "à Paulin", 10, Belles Lettres, t. 3, 23.

8

"이 책을 먹어라!"

조금 전에 우리는 그대에게 이렇게 물었다: "너는 정말로 배가 고픈가?" 이것은 **독서**에 앞서야 할 물음이었다. 그러나 **독서**에 바친 나날의 시간이 일단 끝이 나면, 그대는 또 다른 하나의 질문에 언제나 긍정적으로 대답할 필요가 있으리라: "오늘 나는 정말로 거룩한 책을 먹었는가?" 바로 성경 그 자체가 에제키엘서의 한 대목에서 — 나중에 요한도 묵시록에서 이 대목을 다시 인용하게 될 것이다 — 우리에게 위의 질문을 던지고 있다.

> 그분께서 또 나에게 말씀하셨다: "사람의 아들아, 네가 보는 것을 받아 먹어라. 이 두루마리를 먹고"〔…〕 그래서 내가 입을 벌리자 그분께서 그 두루마리를 입에 넣어 주시며

말씀하셨다. "사람의 아들아, 내가 너에게 주는 이 두루마리로 배를 불리고 속을 채워라." 그리하여 내가 그것을 먹으니 꿀처럼 입에 달았다(에제 3,1-3: 참조: 묵시 10,8-11).

거룩한 독서는 아주 정확하게 말해서 바로 **주님의 말씀을 먹는 것**이다. 그러나 일반적으로 **먹는다**는 말을 할 때 영양섭취에 필요한 모든 기능을 다 포함하는 것으로 알아듣는다. 사실 엄격히 보아 **먹는다**는 행위는 영양섭취의 전 과정에서 그 시작 단계에 지나지 않을 뿐이다. 그 전 과정에서 보자면, **먹기** 단계에 이어서 다른 단계들이 계속 이어지는 것이다. 영양섭취의 자연적인 기능은 이것이 건강하게 이루어지기 위해서 일종의 조절, 식이요법, 금욕을 전제한다. 이 모든 요소가 **거룩한 독서** 안에서도 발견된다. 거룩한 독서는 정확히 말해서 우리 초자연적 유기체의 영양섭취 기능일 따름이다. 이것이 **거룩한 독서**에 대한 온전한 이해다.

그때에 **거룩한 독서**는 단순히 영양섭취에만 국한되는 것이 아니다: 입 안으로 들어간 음식은 인간의 마음에 이르기까지 제 갈 길을 가야 하는 것이다. 결과적으로 **거룩한 독서**는 거룩한 책을 소화시키는 일이라 할 수 있다. **거룩한 독서**는 음식을 생체에 온전히 동화시키는 여타의 소화 과정과 비길 수 있는데, 생체는 음식물을 흡수하여 거기서 자신의 성장과 생존에 필요한 모든 핵심 성분, 모든 힘을 뽑아내기 때문이다.

성경을 우리 삶에 생생하고도 인격적인 방식으로 동화·소화시키지 못하는 **거룩한 독서**가 있다면, 그것은 소화 기능의 어떤 단계에서 질병에 시달리고 있다는 표시다. 텍스트를 **맛보며 알아듣기**, 즉 텍스트에 대한 체험적 이해une intelligence savoureuse를 돕기 위해 사용하는 성경 주석서들은 말씀을 소화하는 이 과정 안에서 단지 보조자 구실을 할 따름이다. 바로 이런 이유로 성경 주석서들을 잘 선택할 필요가 있으며, 또 그 이용에 있어서도 균형잡힌 자세가 필요한 것이다. 골치 아프게 잡다한 지식만으로 가득찬 주석서들도 허다해서, 이런 주석서들을 사용할 경우 이들이 지닌 결함을 더 영성적인 다른 주석서들로 메워야 할 필요가 있다. 아니면 차라리 이런 종류의 주석서는 아예 읽지 않는 편이 더 나을 수도 있다. 이런 면에서 성경이라는 음식을 비할 바 없이 탁월하게 요리한, 뛰어난 교부 주석서들의 **은총**에 대해 아무리 강조해도 지나치지 않을 것이다. 이들은 성경이라는 음식으로부터 즉시 영성생활과 실천 및 관조의 진수를 뽑아내기 때문이다.

그러나 그 내용이 제아무리 풍부하고 깊이가 있을지라도, 성경 주해서들이 **침묵**에 다소곳이 자리를 양보해야 하는 시간이 온다. 바로 이 침묵 안에서 말씀의 경청이 완수되고 완전해지기 때문이다. 이 책들은 우리를 안내할 것이고, 상당 기간 동안 함께 길을 걸으며 우리를 동반해 줄 것이다. 그러나 그 다음에는 오로지 주님과 함께하는 내밀함 속에 우리를 홀로 남겨둘 것이다. **거룩한 독서**는 정상적으로 볼 때 **모세의 복된 황홀경**으로 우리를 인도해야 하기 때문이다: "주님께서는 마치 사람이 자기 친구에게 말하듯, 모세와 얼굴을 마주하며 말씀하시곤 하였다"(출애 33.11). 우리는 언제나 "우리를 가르치시는 분"(이사 30.20 참조)을 뵙고 싶어하는 열망에 사로잡혀 있어야 한다.

시편집의 다음 두 구절은 놀랍도록 — 게다가 핵심만 요약하는 간략함으로 — **거룩한 독서**의 이상적인 종착점을 표현한다:

> 자기 하느님의 법이 자기 마음 안에 있다(시편 37.31).

> 당신의 법이 나의 내장 한가운데에 새겨져 있나이다
> (시편 40.9).

히브리말에서 이 두 구절은 아주 농축되어 있으므로 일종의 격언이 되기에 더욱 적합하다:

> 토라트-엘로하우 베립보
> 토라트카 베토크 메아이

이 "**한가운데**"Bethôkh라는 부사는 다른 텍스트로 우리를 데려다 준다:

너희 **한가운데에** 계시는 이스라엘의 거룩하신 분께서는 위대하시도다(이사 12,6).

정녕 내가 이제 가서 너 **한가운데에** 머무르리라(즈가 2,14).

그러므로 그대, **거룩한 책을 먹어라**. 이 책을 먹고 소화시켜라. 이리하여 성경이 그대 마음, 그러니까 그대의 몸 **한가운데** 이르기까지 천천히 스며들게 하라! 말씀을 이렇게 먹고 소화시키기의 종착점, 다시 말해 **거룩한 독서**의 종착점은 사람의 마음과 하느님의 토라(모세오경) 사이에 이루어지는 일종의 **상호내재**circumincessio다:[1] **토라트-엘로하우 베립보** ….

한 랍비와 그의 제자 사이에 있었던 다음의 짧은 대화에서 아주 큰 교훈을 얻을 수 있을 것이다:

> 한 제자가 스승을 찾아왔다.
> 스승이 그에게 묻기를:
> "그래, 너는 무엇을 배웠느냐?" 하였다.
> 제자가 대답했다:
> "저는 탈무드[2]를 세 번에 걸쳐 통과했나이다."
> 그러자 스승이 다시 물었다:
> "그렇다면, 탈무드는 너를 통과했느냐?"

아마도 우리는 이미 여러 차례에 걸쳐 거룩한 책을 통독한다며 **통과**했을 것이다. 그러나 거룩한 책이 과연 우리를 꿰뚫어 통과했는가?

주

¹ 삼위일체 신학에서는 전통적으로 각 위격간의 지극한 친교의 관계를 "상호내재"(*perikoresis*, circumincessio)란 용어로 표현해 왔다.

² 탈무드(Talmud)는 히브리어 동사 *lâmad*(배우다)에서 파생한 명사형으로, 모세의 율법을 따르고 그 제자가 되기 위한 입문 과정을 지적한다. 탈무드는 그 가르침의 내용을 담고 있다.

9

탕자를 위한 교향곡

인간 주체의 전부를 던져 **곧바로 텍스트로 갈 필요가 있다**고 방금 말했다. 이제는 텍스트의 **전부, 그 총체로 갈 필요가 있다**는 점에 대하여 말하겠다. 이 두 가지 단언은 상호보완적이다. 주체의 편에서만이 아니라 대상의 편에서도 **총체화**가 필요하다는 말이다. 정녕 바로 여기에 **거룩한 독서**의 충만한 비밀이 숨어 있다. **읽는다** 함은 이 행위에 자신의 고유한 위격적 총체성을 전력투구함으로써 **텍스트의 총체성**을 간파하는 것이다.

그러나 **텍스트의 총체성**totalité du texte이라는 표현을 어떻게 알아들을 것인가? 그것은 지금 독서하고 있는 곳이 성경의 어느 페이지인가 하는 것과 상관없이, 성경의 다른 모든 페이지들이 어떤 동시성 안에서, 모종의 직접적 직관 아래, 지금 내 앞에 현존해 있어야 한다는 것을 뜻한다. 학문적인 주석학이 성경의 각 권과 각 단락을 역사적 틀 속에 자리잡게 하는 반면, **거룩한 독서**는 연대기적인 칸막이들을 모두 없애버린다. **거룩한 독서**는 어디에서건 유일하고도 동일한 말씀을 같은 무게로 알아볼 따름이다. 모든 것이 지금 즉시 바로 **말씀**Parole이다. 그러니까 **거룩한 독서**는 분할 작업 이전에 일치와 통합을 먼저 가르친다고 할 수 있다.

불평투성이의 맏아들이 탕자의 귀향으로 큰 잔치를 베풀고 있는 아버지의 집 가까이에 이르렀을 때에, 그가 **교향곡**symphonie(*èkousen symphônias*, 루가 15.25)을 들었다고 복음은 우리에게 전한다. 이제 이 장면을 두고 우의적寓意的(알레고리) 주석을 잠시 시도해 보자. 사방으로 울려퍼지는 이 교향곡은 무엇인가? 그것은 바로 거룩한 문자로 씌어진 성경 전체다! 그렇다면 이제 **거룩한 독서**를 수행한다는 것은 **음악 연주회에 간다**는 것을 의미한다. 우리는 **함께 어우러지는 교향곡 연주**를 들으러 가는 것이다. 그런데 이 교향곡은 성조들, 예언자들, 현자들, 시편의 시인들 그리고 사도들이 탕자의 장엄한 환영을 위해서 작곡한 것이다. 그리고 탕자, 그는 바로 우리 각자다. 들어보라. **창세기** 안에서 한 테마가 연주되기 시작하고, 같은 멜로디의 테마가 **아가**라는 소품에서 새롭게 메아리친다. 드디어 이 테마는 **묵시록**의 피날레 화음에서 어린양의 승리를 노래하기에 이른다. … 그런데도 그대는 고작 악보에 눌러붙어 음표 나부랭이나 해독하면서 그대의 **거**

룩한 독서를 하고 싶단 말인가? 물론 악보를 분할하고 해독하는 시간은 필요하다. 그러나 더 중요한 것은 잇달아 아름답게 연주되는 교향곡을 경청할 필요가 있다는 점이다. 적어도 어느 정도로 음악가나 음악광이 되는 일이 없이 성경을 읽는다는 것은 불가능하다! 한 조가비의 오목한 공간 안에서처럼, 거룩한 책의 각 구절의 오목한 공간 안에서도 울려퍼지는 망망대해의 성경적 충만함을 그대는 경청하라. 이 모든 음악을 감상하는 청력을 끊임없이 세련하여 완전하게 하라. 화성 그리고 불협화음을 잘 식별하고 맛보는 훈련을 열심히 거듭하라. 성경 안에는 적지 않은 불협화음이 있지 않은가!

말씀Verbum의 목소리는 **대단한 물소리**에 비교할 만하다고 요한은 묵시록에서 우리에게 말한다(묵시 1.15; 14.2). 히브리말에서 단어 **머길라**(책의 두루마리, 시편 40.8)와 단어 **갈림**(바다의 파도 소리)은 동일한 어근 **갈랄**galal(= 말다)에 속한다는 것이 우리의 이야기와도 무관하지 않다. 그대는 동시적으로 다성음성多聲音聲을 경청하라. 우리 시대는 음악을 잘 감상하기 위해서 **하이 피델리티**의 스테레오 시스템을 발명했다. 그대가 연마할 음악 감상 방식은 정확하게 이런 것이니 성경을 **입체음향**, 곧 **스테레오**로 경청하는 것!

10

마음의 실험실

물론 성경이 그 구성의 교향악적 성격과 그 건축의 복합성을 언제나 첫눈에 드러내 보여주는 것은 아니다. 그 기본적인 화음, 황금분할수를 인지하는 데에는 교육과 수련, 끊임없는 정련의 작업이 요구된다. 함께 어우러지는 그 충만성 속에서 성경 텍스트를 만나기 위해서 우리에게 필요한 것은 아주 독특한 형태의 정신적 기능으로서, 이는 영성적으로 우리를 양육할 수 있는 주석학의 필수불가결한 요소가 된다. 우리는 이런 주석학에 **미드라쉬적 기능**fonction midrashisante이란 이름을 붙일 것이다.

이 기능은 정확하게 무엇을 뜻하는가? 먼저 **미드라쉬**midrash는 유다 랍비적 전통에 친숙한 주석학에서 아주 정확한 기법을 뜻한다. 이 기법은 한 텍스트에서 출발함으로써, 이 텍스트에다 다른 텍스트들 그리고 다른 성경 장면들의 별자리를 다시 연결시키는 작업으로 구성되어 있다. 이 기법은 그 구애받지 않는 자유와 창의력, 그리고 거리낌없는 특성으로 말미암아 이성적이고 합리적인 우리의 사고를 놀라게 한다. 그럼에도 불구하고 이것은 성경 안에 숨은 내적 노래를 드러내 주는 탁월한 장점을 지니고 있다. 이 노래 안에서 단어들, 구절들, 등장인물들은 모두 함께 어우러져 춤을 추기 시작한다!

하지만 주석학의 이런 방법론은 결국 유다 전통의 전유물만은 아니다. 아주 다른 전망 아래 서 있긴 하지만, 교부들의 주석학 역시 흔히는 이런 기법을 구사하고 있는 것이다. 사실 암시나 상호 연결을 즐겨 사용하는 사고방식은 성경을 **예형론적으로**typologique 이해한다는 원칙에서도 발견되는 것이다. 요컨대 이는 고대 문화의 — 그리고 중세 문화의! — 공통된 유산이다. 오늘날의 우리는 이런 문화의 의미를 전혀 깨닫지 못하고 있지만, 불모不毛의 합리주의가 초래한 궁지로 말미암아 이를 향한 향수를 느끼고 있다. 이러한 주석학의 열쇠는 교회 전통이 우리에게 건네주었으니, **그리스도의 신비**가 바로 그것이다![1]

단어 **미드라쉬**는 히브리말 어근 **다라쉬**(שרד)에서 파생한 표현으로 **탐색하다, 질문/심문하다, 상담하다** — 예를 들어, 어느 한 성전에서 야훼와 상담하다 — 등의 의미를 동시에 지닌다. 동사 **다라쉬**darash의 의미론적인 풍요로움은 우리에게 **미드라쉬적 기능**의 개념에 대해서 아주 가까이서 그 윤곽을 그리도록 해준다. 이리하여 거룩한 텍스트를 눈앞에 두고 **질문하고 의문을 품는 자세의 중요성**이 드러난다. 이는 바로 신약성경 그 자체가 그리스말 동사 **에라우난**_érau-nan_을 통해서 우리에게 권유하는 자세다.

흥미롭게도 이 동사는 **거룩한 독서**와 무관하지 않은 신약의 두 곳에서 사용된다. 요한 복음 5,39에서 "당신들은 성경을 **탐색하고** 있습니다"라고 예수께서 말씀하신다. 또 베드로 전서 1,11에서 베드로는 예언자들에 관해서 이렇게 말한다: "그리스도의 영이 그들(예언자들) 안에서 미리 증언한 것이 무엇을 두고 혹은 어떠한 때를 가리켜 말한 것인지 **탐색했던 것입니다**. 사실 영은 그리스도께 닥칠 고난과 거기에 이어서 올 영광을 미리 증언했습니다." 아주 의미심장한 방식으로, 바로 같은 동사가 바울로의 말에서 다시 나타난다: "바로 그것을 하느님께서는 영을 통하여 우리에게 계시하셨습니다. 영은 모든 것을 살피시고, 하느님의 깊이까지도 샅샅이 살피십니다"(1고린 2,10). 사실 질문을 던지고 탐색하는 이 기능 — 이것은 바로 거룩한 독서의 기능이거니와 — 은 신적 위격 중 성령께 직접 관련되는 기능인 것이다. 미드라쉬화하는 주석학은 **탐색자-영**께서 직접 지휘하시는 주석학이다. 성령은 미드라쉬의 위대한 선구자이시다. 생기를 불어넣어 주시는 이분께서 우리를 문자의 표면으로부터 의미를 생산하는 **생명수의 심원한 깊이**로 인도하신다.

미드라쉬화하는 기능은 또 다른 신약 텍스트에 기대고 있다. 이 텍스트가 하느님의 말씀에 대한 **거룩한 독서**와 직접 연관되어 있지 않다면, 적어도 그러한 독서를 전제로 하고 있다는 것은 명백한 사실이다. 그 텍스트는 바로 성모님을 다루고 있는 단락으로서, "마리아는 그 모든 일을 당신 마음 속에 새기어 곰곰이 생각하였다"(루가 2.19)고 전한다. 사실 성모님께서는 성경의 각권에 각별히 친숙해 계신 분이셨다. 복음사가가 사용한 두 그리스말 동사 — 심발레인sym-ballein, 신테레인syn-tèrein — 는 모두가 **대조, 취합, 연결, 비교**라는 동일한 개념을 가지고 있다. 마리아께서는 마주치는 사건들에서 성경 말씀의 완성을 보았거니와, 마리아의 이러한 내적 자세가 우리에게도 **거룩한 독서**의 방법에 대해 깨우치는 바가 있다. 즉, 우리도 연상하고 비교하는 방법, 즉 **함께-두는**(sym-ballein) 방법을 사용해야 한다는 것이다. 바로 이것이 우리의 **미드라쉬적 기능**이다.

참다운 **거룩한 독서**는 습관적인 — 라틴어 하비투스habitus는 습성, 천성을 지적함 — 방식으로 **마리아적인 자세를 우리의 것으로 삼도록 요구한다**. 루가 복음 2.19를 직역하면 다음의 뜻이다: "모든 사물을 당신 마음의 보관소 안에서 대조하고 취합하신다." 항구적으로 **미드라쉬** 속에 살고 계시는 마리아님은 따라서 **미드라쉬적 기능**을 가동시키고 있는 모든 **거룩한 독서**의 선도자요 모델이다. 마리아님의 학교에서 우리는 성경의 큰 길들이 모두 한 **마음**에서 만나고 있다는 것을 깨닫게 된다. 성경의 마음, 성모님의 마음, 교회의 마음에서 말이다. 성경에 대한 참된 이해는 오직 **주석가인 교회의 마음**이라는 이 중심에서만 가능하다. 바로 이 마음이 **성모님을 따라 그리고 성모님과 함께**, 성경적 계시의 모든 부분을 그 핵심적 지점으로 연결시키는 것이다. 이 지점을 일컬어 우리는 **그리스도 사건**이라 한다.[2] 이처럼 성모님께서 우리에게 취합하게 하고, 또 세밀하게 음미하도록 해주신다는 뜻에서 우리의 **거룩한 독서**는 **마리아적인 수행**이다.

주

[1] "예수 그리스도, 바로 이분을 두 계약의 책이 응시한다. 옛 계약은 이분에 대한 기다림처럼, 새 계약은 이분의 모델처럼 주목한다. 두 계약은 모두 이분을 중심으로 주시한다." Pascal, *Pensées*, éd. H.Massis, 1935, 329.

[2] "이렇게 성경을 읽고 연구함으로써 […] 교회에 맡겨진 계시의 보화가 사람들의 마음에 더욱더 가득해지기를 바란다." 제2차 바티칸 공의회, 「계시헌장」 26항 참조; H. Urs von Balthasar, *La prière contemplative*, 26-9 참조.

11

성경 용어 색인
Concordance

그러나 비교의 이 끊임없는 작업, 이 끝없는 미드라쉬를 어떻게 실행한단 말인가? 나는 기억력이 비상하지도 못하고 그렇다고 텍스트의 참고 지시들을 다시 찾아내지도 못하는데 ….

　이미 아주 물질적인 방식으로 — 이런 방식을 과소평가해서는 안된다! — 그대는 **성경 용어 색인**이라는 아름다운 이름을 가진 아주 박식하고 유익하며 두툼한 사전같이 생긴 책에서 도움을 받을 수 있다. 이 책은 한 단어를 출발점으로 해서, 그대가 한 텍스트를 다른 텍스트에, 그 다음에 또 다른 텍스트에 연결시키는 데에 도움을 줄 것이다. 그리고 이런 작업은 거룩한 책의 동산을 통해 끝없이 감미로운 산책의 길 속으로 그대를 이끌고 갈 것이다.

Con-cordance ... 우리는 이 단어에서 앞서 상기한 **마음**coeur이란 낱말을 다시 발견하고 있는 것이 아닌가?[1] 사실 **성경 용어 색인**의 사용은 성경의 심장부, 성경의 마음을 향한 우리의 행진에 도움을 주는 것 외의 다른 목적이 있어서는 안될 것이다.

그러나 어느 날, 그대가 기억과 모든 정신 기능의 항구한 수련뿐 아니라 특히 은총을 통하여, 동산의 큰 길들에 익숙해지고 이로써 마치 능숙한 **광시곡**rhapsodie[2] 연주처럼 자연스레 이런 연결 작업을 할 수 있게 되면, 용어 색인 사전을 도서관 서가에 편히 쉬도록 내버려둘 수 있을 것이다. 혹은 가끔씩만 깨워서 사용하게 될 것이다. 이렇게 하는 것의 목적은 오로지 **존속하는 성경 용어 색인** 그 자체이신 분, 모든 교향곡의 **상임 지휘자**이신 분, 혹은 지혜서[3]가 말하는 **모든 소리에 대한 앎**을 가지신 분, 곧 **성령만을 경청하기 위함이다**. 그리고 라틴 교회의 전통은 이 성령께 **상호 유대**mutua Connexio라는 이름을 주고 있다. 바로 이분이 그대에게 거룩한 책의 모든 상응요소들을 향해 훌륭하게 입문 과정을 지도하실 것이고, 이 상응요소들의 가장 절묘한 화음을 인지하도록 해주실 것이다.

바로 이것이 우리 가운데서 행하시는 그분의 고유한 역할이며, 그리스도께서 그분을 우리에게 주신 것이 바로 이때문이다. 최후만찬 때에 예수께서 남기신 작별 말씀 중에서, 두 개의 중대한 텍스트를 상기하는 것으로 충분할 것이다: "진리의 영, 그분이 오시면 여러분을 모든 진리 안에 **인도하실 것입니다**"(*hodègèsei*, 요한 16,13). "성령께서 […] 내가 여러분에게 말한 모든 것을 **생각나게 해주실 것입니다**"(*hypomnèsei hymas*, 요한 14,26). 아들이 아버지의 **주석가**Exégète(*exègèsato*, 요한 1,18)인 것처럼, 성령도 역시 아들에게로 **인도하시는 분**, 곧 안내자다. 성령께서는 우리의 기억력 안에서 아주 독특한 방식으로 활동함으로써 이 사명을 다하고 계시다. 미드라쉬화하는 우리의 기능도 성령의 **상기하시는 구실**rôle anamnétique의 덕분으로 수행에 진입할 수 있을 뿐이다. 다시 말해 예의 구실은 성령께서 우리의 기억력에다 예수 그리스도의 말씀을 상기하도록 하는 **힘**을 지적한다.

그렇다면 우리의 **거룩한 독서**가 맥없이 기진맥진해지고 실패로 끝나는 것은 다름아니라, 미드라쉬의 내적 스승이신 성령께 유순히 응해드리지 못하기 때문이 아닐까? 모종의 소심함, 신뢰의 결핍, 자유의 결핍 때문이 아닐까? 우리의 독서가 꽃피고 열매 맺도록 하기 위해서, 이미 우리 안에 모든 것을 다 가지고 있지 않은가? **성령의 선물**은 **세례성사를 통해** 이미 우리에게 주어진 것이 아닌가? 사실이 그럴진대, 성령께 완전히 열려서 복종하는 가운데 우리 속 깊은 곳에서 잠들어 있는 능력과 자원들을 끄집어내고 도와 주시는 **살아 있는 기억**이신 분, 곧 성령께서 어떻게 움직이시는지 보아야 하지 않겠는가?

Veni Sancte Spiritus!("오소서, 성령님!") **거룩한 독서**를 시작하기 전에 무릎을 꿇고 이렇게 그분을 청할 것이다. 판에 박힌 일상과 방심으로부터 빠져나옴으로써만 이 기도가 무엇을 뜻하는지 알아듣게 될 것이다! 만일 참으로 우리와 함께 우리 안에 안내자이신 성령의 선물, 성경의 저자이시자 동시에 그 해석자이신 분을 우리가 가지고 있다면, 우리의 독서에서 무미건조함이나 지루함을 두려워할 이유는 하나도 없다. **거룩한 독서**를 한다는 것은 성경을 펼쳐 놓고서, 혹은 때로 성령께서 이끄시는 대로 **광시곡**을 옮겨 적을 수 있도록 빈 노트를 펼쳐 놓고서, 성령과 단 둘이서만 머무는 것이다.

"하느님의 영이 계신 곳에는 자유가 있습니다"(2고린 3,17). **상징들의 숲**을 지나고 또 **살아 있는 기둥들** 위에 세워진 성경의 성전을 지나, 서로 상응하는 지점들을 무한정 이어주시면서, 성령께서 너를 아주 멀리 이끄시도록 마음을 허락하라. 그리고 그대의 미드라쉬를 몸소 이끄시는 스승이신 성령께서 그대뿐 아니라 지금껏 그 누구도 짐작도 못했을 연결관계를 가르쳐 주시도록 그분께 귀를 기울이라. 사실 성령께서는 바로 오늘 그대에게 아주 사사롭고도 내밀하게 한번도 들어 본 적이 없는 것을 열어 보여주실 수 있는 분이시다. 그분은 성경이라는 서로 긴밀한 결합을 이룬 **도시** 안에서 — 불가타 역본은 시편 122,3을 "cujus participatio ejus in idipsum", 즉 **모든 것이 어우러져 하나가 되는 거기서**라고 옮기고 있다 — 지금까지 전혀 알려지지 않았던 구도와 전망을 그대가 파악할 수 있게 해주시는 분이시다.

나아가 그분은 또한 **건축가**이신 하느님께서 그 도시 안에 부어놓으신 다양한 아름다움의 한 면모를 발견하게 해주신다. 그러므로 그대는 그리스도께서 그대에게 베풀어주신 성령의 자유를 사용하라. 창의적인 사람이 되라. 더 나아가 시인이 되라! 랭보Rimbaud의 기상천외한 시상에 나타난 꿈을 그대가 정녕 실현해 버리라: "나는 종탑마다 돌아다니며 종을 쳐 댄다네, 그러고는 춤을 춘다네!" 언제나 새로운 노래, 그리고 결약의 궤 앞에서 추는 춤: **거룩한 독서**는 우리를 바로 이런 충만한 기쁨으로 인도해 가야 할 것이다. 그리하여 우리는 여기서 수도생활이 지닌 가장 황홀하고, 아마도 가장 순정한 기쁨들 중 하나를 발견할 수 있어야 할 것이다. 성경을 읽음으로써 **지나치게 행복해지지 않을까 두려워할 필요는 없다**. 성경 역시 그리스도께서 당신을 추종하는 사람들에게 몸소 약속하신 백 배의 보상에 속하지 않겠는가?

주

[1] Con-cor-dance의 단어 속에서 cor은 마음(coeur)을 상기시킨다.

[2] "어둠의 한가운데에서 필요한 것은 등불을 밝히는 것이다. 어떤 등불? 슬기로운 처녀들의 등불. 이것의 기름은 믿음과 선한 의지요 그 심지는 꼬인 실들, 연구 그리고 텍스트들의 비교로 구성되어 있다". P. Claudel, *Introduction au livre de Ruth*, 113, note.

[3] 지혜 1,7 참조.

12

우물을 파라, 사다리를 올라가라!

우리는 성경에 대한 **미드라쉬적인 독서**를 옹호하는 입장을 취했기 때문에, 이제 우리와 관련되는 구체적 주제를 놓고 당장 이 방법을 적용시키며 한번 즐겨보자. 서로 보완되는 패러다임으로 해석되는 창세기 두 에피소드는 참된 거룩한 독서의 본질과 과정을 탐색하는 우리 여정에서 더 깊이 꿰뚫고 나아갈 수 있도록 도와 줄 것이다.

성조 이사악에 관해서 성경은 다른 주인공들인 아브라함과 야곱에 비해 그 에피소드나 이야기에 좀 인색한 듯한 인상을 풍긴다. 이사악에 관한 한 우리는 고작 이사악의 제헌이라는 에피소드를 통해 수동적으로 알고 있을 따름인데, 그는 이 장면에서 희생제물로 나타난다. 그러나 오리게네스 같은 분은 성경이 이사악을 **우물을 파는 사람**으로 묘사하고 있다는 사실을 놓치지 않고 주목하였다. 이미 문자적 의미로도 이 일은 아주 중대하다. 물은 성경의 나라에서 값어치가 상당히 나가는 사물이기 때문이다! 그러나 **우물 파는 인부**인 우리 성조 이사악은 그 일을 하면서 또 다른 것도 우리에게 가르쳐 주었다. 사마리아 여인이 어느 날 예수에게 선물로 달라고 조르던 생수를 우리가 발견하고 마시기 위해서 고된 노력을 기꺼이 해야 함을 가르쳐 준 것이다. 그렇다. 우리 성조 이사악은 대초원을 발굴함으로써 우리의 모범이 되었고, 또 **거룩한 독서의 박사**로 변모되었다! 오리게네스의 창세기 주해서에 나오는 말을 인용해 보자:

> 하느님의 말씀을 관리하는 자는 누구나 우물을 파서, 또 자기 청중들에게 원기를 되찾아줄 수 있도록 생수를 찾아야 할 것이다. 따라서 내가 옛 어른들의 말씀을 설명하고 그 영성적 의미를 궁구하며, 율법의 너울을 걷고서 **기록된 것**의 우의적 의미를 밝히는 일을 한다면, 나 역시 우물을 파고 있는 셈이다. 만일 우리가 이사악의 종들이라면, 생수가 솟는 우물들과 원천들을 사랑하자. […] 생수가 솟는 우물들을 파는 일을 결코 중단하지 말자! […] 우물의 물이 우리의 광장으로 흘러넘치도록까지 우물을 파자. 그리하여 거룩한 책에 대한 학문이 우리 자신에게만 만족을 주는 데에 그치지 않고, 다른 사람들도 가르치며 깨우침을 주어서, 사람들뿐 아니라 짐승들도 물을 마실 수 있도록 하자.[1]

앞서 우리는 **노래와 춤**에 관해서 말했다. 그러나 노래와 춤은 고된 노고의 값을 치른 다음에 얻어지는 것인데, 바로 이 노고에 관해 이사악은 우리에게 교훈을 주고 있다! 이미 이 글의 처음에 **세밀하게 읽기**는 **힘든 작업**이라고 정의했다. 다윗이 결약의 궤 앞에서 춤추는 것을 가르쳐 주었다면, 이사악은 우리 손에 곡괭이와 구멍 뚫는 도구를 쥐어준다. … **세밀하게 읽기**는 심각한 노력을 요구한다. 그리스 사람들은 이 노력을 **노고/고통**_ponos_이라 불렀다. 이런 읽기는 수도생활이 지닌 두 종류의 활동과 유사성을 지닌다. 하나는 전례에 따르는 시편 기도로서 이는 결약궤 앞에서 추는 춤에 비유될 수 있겠고, 다른 하나는 … 육체노동이다! 우리 정신 기능들을 가동시킨다는 점에서 **거룩한 독서** 역시 힘든 노고라 할 수 있다. 따라서 다른 모든 정신노동이 그러하듯 **거룩한 독서** 역시 **고통**을 동반하는 것이다. 일반적인 특성에서뿐 아니라 구체적인 방법의 면에 이르기까지 육체노동과 정신노동이 서로 얼마나 유사한지에 대해서는 한도 끝도 없이 이야기할 수 있을 것이다.

거룩한 텍스트의 연구에 접근하며 가져야 하는 마음 자세는 무엇보다 먼저 성 아우구스티누스로 하여금 이렇게 감탄하도록 이끈 성경의 측정할 수 없는 깊이에 대한 의식이다:

> 심오한지고, 당신의 말씀, 그 거죽은 우리가 보기에 어린이들조차 솔깃해지는 것 같으나 주여, 오묘한 깊이니이다. 깊

은 오묘함이니이다. 엿보기조차 두려운 일입니다만 이것은 존영에 떪이요, 사랑에 떪이로소이다(최민순 역 2판 353쪽).[2]

우리가 탐구를 시도했던 구절이 어떠하든 불문하고, 생수는 우리의 발 아래에 감추어져 있다. 그래서 우리가 이 물을 퍼 올릴 수 있도록 노고와 전력을 다해 우물을 파야 하는 것이다. 몇 번의 삽질로 우리는 발 아래에 깔려 있는 모래를 걷어내고, 그 다음에는 문자의 큰 자갈을 치워버릴 것이다. 그러나 더 깊숙이 내려가기 위해서 우리에게는 더 강력한 도구가 필요하다. … "하느님의 깊이까지도 샅샅이 살피시는"(1고린 2.10) 성령이 계셔야 하는 것이다. 바로 성령께서 숨겨져 있는 생수를 분출하게 할 것이기 때문이다.

바람 불라 하시면, 물이 흘러가도다(시편 147.18).

의미는 깊이에로 점진적으로 그리고 노고를 거듭하며 하강하기 … **거룩한 독서**는 바로 이런 것이거니와, 다양한 지질층들과 동굴층을 꿰뚫고 구멍을 내는 시추 작업과도 통하는 바가 있다. **거룩한 독서**는 지각으로부터 변성암變成巖의 지층을 뚫고 마침내 땅의 작열하는 심장부에 이르기까지 우리를 인도해 간다. 말씀은 **물**이고 동시에 **불**이기 때문이다. 깊이에로 우리가 전진함에 따라 지열의 온도는 상승하고, 또 탐구하고 있는 우리의 마음에 그 열이 전달된다. "나의 묵상

도중에 불이 타올랐도다"(시편 39.4 불가타 역본). 그러므로 바로 이런 것이 우리가 우물 파는 사람 이사악의 학원에서 배우며 실천하는 독서다: 땅속으로 깊이 내려가는 **심해**深海 **독서**. 각 구절에서마다, 주님은 자캐오에게 하셨듯 우리를 초대하신다: "얼른 내려오시오"(루가 19.5).

자, 이제 야곱이 우리에게 가르침을 줄 차례다! 아주 신비스러운 사다리의 에피소드(창세 28.10-22)는 우리에게 매우 친숙한 대목이다. 신약성경은 이 이야기에 대한 그리스도론적인 해석을 개진한 바 있다(요한 1.51). 영성적이고 수도적인 전통은 이 설화에 대해 윤리적이고 수덕적인 독서를 했다(「성 베네딕도 수도규칙」 제7장). 전례는 이 텍스트를 성당 축복식 때 사용한다. 그러나 우리는 여기서 또 다른 의미를 발견할 수 있다고 본다. 야곱의 사다리는 성경 해석에서 **내려감**에 대해 말하는 이사악의 우물 에피소드와는 정반대의 해석학적 패러다임, 즉 **올라감**의 독서 모델을 제공해 준다.

성경의 한 대목을 연구한다는 말은 바로 사다리를 올라가는 것이다. 앞에서 언급한 **미드라쉬적 기능**은 중요한 순으로 정돈된 일련의 도구들을 개입시킨다. 그런데 이 도구들은 서로를 배제하는 것이 아니라, 가능한 한 가장 풍요롭고도 충만한 의미에 도달할 수 있도록 서로 연결되고 있다. 예컨대, 우리는 우선 문법과 문헌학이라는 도구들로써 시작하지만 고고학과 역사학이라는 도구들로써 탐구를 계속 진행해 나갈 것이다. 이어서 성경신학은 우리를 좀더 멀리 데려다 줄 것이며, 교의신학과 영성신학은 더 높은 지점으로 인도해 줄 것이다. 최종적으로는 "비둘기의 날개"(시편 55.7)에 실려 침묵 안에서 완성되는 관조기도의 영역에까지 날아가게 될 것이다. 이런 것들이 대충 살펴본 우리 사다리의 살이다. 각 살들은 함께 어울릴 수 없는 것이 아니라 오히려 서로가 서로를 보완하는 관계에 있다.

계몽주의 시대 이래 오늘에 이르기까지 성경 연구의 비극은 의심의 여지 없이 많은 주석가들이 이런 **사다리** 개념을 상실한 데서 기인한다. 다시 말해 그들이 주석의 사다리는 여러 살들을 지니고 있으며, 각 살은 사다리에서 저마다의 고유한 자리를 지닌다는 점에 대해 뚜렷한 의식을 지니지 못한 데서 기인한 것이다. 사다리의 아래에는 주석학의 보조학문들 — 문헌학, 텍스트 비평, 문화사 등등 — 이 있고, 좀더 높은 곳에는 신학이 있으며, 그 정상에는 카시아누스가 말하는 **불의 기도**가 있다. 그런데 이 불의 기도에서 성령은 의미에 대한 일종의 즉각적인 직관력을 풍성하게 선물로 주신다. 그리고 강조해야 할 중요한 사실 하나는 주님께서는 우리가 사다리의 살들을 얼마든지 건너뛰도록 하실 수 있을 만큼 자유로우시다는 것이다!

다시 말해 하느님께 감사드릴 일이거니와, 우리가 성경의 신비 속으로 들어가기 위하여 문헌 비평이나 고고학의 **대기실**에서 무한정 머뭇거리면서 면회를 기다려야 할 필요는 없다는 것이다. 잔치에 초대받은 사람의 비유에 등장하는 신중

하고 겸손한 사람에게 그러셨듯이, 주님께서는 우리에게도 이렇게 말씀하신다: "위쪽으로 오르시지요"(루가 14,10). 그러나 그렇다고 사다리 아래쪽의 살들을 과소평가해도 된다는 말은 아니다. 성경이 우리를 아래에서부터 위로 통과할 수 있다면, 다시 말해 우리의 모든 지성적이고 영적인 기능 안에서 우리에게 찾아와 거기 자신의 흔적을 남김으로써 이 기능들을 풍요롭게 한다면, 이 어찌 복된 일이라 아니할 것인가? 아씨시의 성 프란치스코를 두고 이런 말이 전해온다: "그분은 모든 것을 하느님께로 나아가는 발판으로 삼으셨다." 우리는 **말씀**Verbum께 지성의 모든 풍요로움을 봉헌해야 한다. 동방의 점성가들이 그분에게 황금과 유향과 몰약을 예물로 드렸듯이, 우리도 인간 사유의 모든 영역을 그분께 드려야 한다. 문법이나 문헌학의 사소한 부분에 관한 관찰이 우리를 관조기도의 문턱에 데려다 주는 수도 있다. 요컨대 **거룩한 독서**는 문법과 **신학**[3] — 교부들이 이 말에 부여한 의미로 이해해서 — 사이의 영속적인 **줄타기**와도 같다.

현대 학문적 주석학의 뛰어난 성과도 옛 교부들의 예형론적 주석을 구시대의 것이라고 폐기처분하지 못했다. 마찬가지로 영성적 주석학의 이름으로 모든 문헌학적 혹은 역사적 주석서를 멸시해서도 안된다. 중대한 점은 사다리의 각 살에게 의미의 역동적인 탐구 속에서 고유한 자리, 시간, 기능을 지정해 줄 줄 아는 것이고, 특히 사다리를 올라갈 줄 아는 것이다! 베네딕도 성인이 말한 것처럼 **높은 곳에서 우리를**

부르시고 계신 분에게까지 도달하기 위해서 오르고 또 올라가는 것이다.[4] 우리의 **거룩한 독서**는 합법적으로 지성의 모든 자원을 동원할 수 있으며, 마리탱Maritain이 말했던 것처럼 **지성의 모든 단계들**을 거쳐갈 수 있다. 그러나 이 모든 과정에서 지성과 마음 양편에서 모두 산 정상을 향한 긴장은 느슨하게 하지 말아야 할 것이다. 마치 침대의 머리맡 탁자처럼 "그리스도이신 바위"(1고린 10,4)를 우리 머리 위에 두도록 하자. 그리고 **해석자인 천사들** — 이들에 관해서는 "우리에게 선포된 메시지에 대해서 천사들도 들여다보고 싶어했다"(1베드 1,12)라고 기록되어 있다 — 이 우리를 인도해 가시도록 내맡기자!

깊이와 높이[5]: 바로 이것이 이사악의 우물과 야곱의 사다리가 우리에게 시사하는 성경의 두 차원이다. 결국 전자와 후자에게 기초적인 진리는 같다: 성경은 **볼륨**volume이라는 것이다. 가장 일반적으로 책이라는 뜻으로 쓰이는 이 낱말은 다른 의미로도 쓰인다는 사실을 기억해야겠다. 다시 말해 이 단어는 책이란 뜻 외에도 **삼차원을 지닌 공간 — 부피, 입체감** — 이란 기하학적 의미도 지니고 있다. 과연 성경은 삼차원을 지닌 공간, 곧 **충만함**이다. 혹은 사도 바울로가 말하듯(에페 3,18-19) 그리스도의 사랑의 **충만함**의 한 성사다. 성경의 이 충만성, 부피로부터 우리는 차원들의 목록을 끝없이 작성해야 한다. **성경의 넓이**는 하느님의 신비와 동시에 인간의 신비를 포옹하는 주제의 광대함이 아니고 무엇이겠는가? 성경의 **길이**란 계시의 점진적 여정으로서 역사적 차원이 아니고 또 무엇이겠는가? 끝으로 **높이**와 **깊이**란 한 **중심점**을 중심으로 원주圓周상의 각 점들 사이에 놓인 등거리等距離로서, 성경의 모든 말(단어)들이 유일하고도 완전하며 결정적인 그 말씀, 성부께서 단 한 번 당신 아드님 안에서 발설하신(히브 1.1-2) 그 구원의 한 말씀을 가리키고 있음을 뜻하는 것이 아니라면 또 무엇이겠는가? 다시 말해 성경의 가장 사소한 획, 가장 사소한 글자(마태 5.18 참조)들이 살아 있는 **아멘**이신 분, 자신들을 확인해 주시며 완성시켜 주시는 바로 그분(2고린 1.20 참조)과 맺는 관계가 아니라면 또 무엇이겠는가?

주

[1] Origène, *Homélie XIII sur la Genèse* (chap. 26), 3 et 4, *SC* 7bis, 319-21, trad. L. Doutreleau.

[2] Augustin, *Confessions*, L. XII, XIV, 17, *BA* 14, 367.

[3] 교부들에게 신학이란 하느님께 대한 지성적 연구가 아니라 그분께 대한 체험적 앎(gnosis)으로서, 관조(contemplatio)와 상통하는 것이었다. 폰투스의 에바그리우스가 남긴 다음의 금언이 교부들의 이런 관점을 잘 보여준다: "그대가 기도하면 그대는 신학자다. 그대가 신학자라면 그대는 기도하고 있는 것이다".

[4] "*Evocatio divina*" Reg. Ben. chap. VII.

[5] 바슐라르(Bachelard)의 이 반성 속에는 주석학의 원칙 같은 것이 들어 있다: "동일한 단어들 안에서, 올라가고 내려가는 것이 바로 시인의 삶이다." *La Poétique de l'espace*, 1957, 139.

13

"내 영을 너희 안에 두리라!"

위에서 **미드라쉬화하는 기능**이라고 부른 것은 **거룩한 독서**의 궁극적 원동력으로서 살아 있고 창조적인 **거룩한 독서**의 영혼과도 같은 것으로 드러났다. 이 점은 아주 중대하기 때문에 좀더 상세한 방식으로 그 내용을 다룰 필요가 있다.

애초부터 우리 안에 **편지 수신자**의 자세를 함양해야 한다는 사실에 대해 이미 강조한 바 있다. 좀더 멀리 가보자. 우리는 수신자(하느님은 나에게 말을 걸어오신다), 소재素材(하느님은 나에 관해 말씀하신다)일 뿐만이 아니라, 한걸음 더 나아가 살아 있는 주체들, 대화의 행위자들이다(나는 하느님께 응답한다/나는 그분과 더불어 말씀을 나눈다/그분이 나에게 말씀하시는 것을 내가 발설發說한다). **거룩한 독서**를 실행하면서 우리 각자는 **살아 있는 주체로서**, 살아 있는 말쏨과 맺는 살아 있는 대화로 들어가게 된다. 그리고 이 말씀으로 말하자면, 우리가 (성경적 의미에서) **알고** 있는 분으로서, 우리와 혼인관계를 맺는 **형체**Forme, 다시 말해 삶과 일치와 아름다움의 원리인 분이시다.

참으로 혼인관계가 형성되기 위해서는 우리 자신의 가장 내밀한 곳에서 **말씀의 살아 숨쉬는 성격**을 깊이 확신해야 한다. 그리하여 정신적이고 영성적인 차원의 깊은 회개가 요구되는 것이다. 다시 말해 성경을 (밋밋하고 단선적이며 표피적인 의미에서의) **본문**으로 보기보다는 **효력적이며 살아 있는 거룩한 책**으로 보는 시선의 전환이 필요한 것이다. "하느님의 말씀은 살아 있고 힘이 있으며 어떤 쌍날칼보다 더 날카롭습니다"(히브 4,12). "여러분이 우리로부터 하느님께서 들려 주시는 말씀을 전해 받았을 적에 여러분은 그것을 사람의 말로 받아들이지 않고 사실 그대로 하느님의 말씀으로 받아들였기 때문입니다. 이 말씀은 또한 믿는 여러분 안에서 효력을 내고 있습니다"(1데살 2,13).

역설적으로 거룩한 책은 **책**임에 분명하지만 여느 책처럼 읽지 말아야 한다는 것이다! 성경을 여느 책 읽듯 읽는 한 우리의 독서는 **신적神的인 것**(lectio divina!)이 아니라, 차라리 인간적이고 세속적인 읽기가 되어버린다. 그리스도인적 경륜 안에서 성사성聖事性(sacramentalité)의 영역은 7성사의 분야로만 환원되지 않는다는 사실을 상기하자. 성경 역시 유비적으로 하나의 성사다. 따라서 우리와 성경과의 접촉 역시 성사적

질서에 속한다. 교과서적·서체적·문자적인 면 — 기호의 영역 — 을 통해 우리는 살아 계신 말씀 — 성사론에서 말하는 사물res — 을 만난다. 씌어진 말씀을 통해 우리는 **말씀하시는 말씀**La Parole parlante과 다시 만난다. 이 말씀은 그 독립성, 자존성自存性을 소유한다. 이 말씀은 또한 자신과 접촉하는 사람에게 "생명, 움직임과 존재"(사도 17,28)를 전달한다.

> 당신의 말씀을 땅으로 보내시니
> 그 말씀 날래게도 지쳐 가도다(시편 147,15).

> 비와 눈이 하늘에서 내려와
> 그리로 돌아가지 않고
> 오히려 땅을 적시어
> 기름지게 하고 싹이 돋아나게 하여
> 씨뿌리는 사람에게 씨앗을 주고
> 먹는 자에게 양식을 준다.
> 이처럼 내 입에서 나가는 나의 말도
> 나에게 헛되이 돌아오지 않고
> 반드시 내가 뜻하는 바를 이루며
> 내가 내린 사명을 완수하고야 만다(이사 55,10-11).

하느님의 말씀을, 그 첫 해석자 구실을 해준 히브리어 안에서 만나는 은총을 받은 이는 의심의 여지 없이 성경의 성사성의 신비 안으로 더 잘 들어갈 수 있는 사람일 것이다. 그는 자기가 펼쳐든 책이 살아 있으며 움직이는 것이라는 사실에 깊은 확신을 지닌다. 거룩한 언어의 자음子音들은 의미를 운반하는 뼈대의 구성적인 요소로서, 예언자 에제키엘 앞에서 바싹 마른 뼈처럼 자기 앞에 기다리며 존재한다는 것을 그는 알고 또 느낀다. 마치 신경, 힘줄과 살처럼 악센트와 모음이 그 자음에게 몰려오고 있다: 텍스트는 움직이고 집결되며 스스로의 몸통을 구성하는 것이다. 그리고 불이요 돌풍 같은 영이 곧장 이 자음의 뼈대 속으로 밀려들자, 텍스트는 통째로 부활하고 또한 제 발로 일어서는 엄청나게 큰 군대와도 같이 되었다! 텍스트도 이것을 읽고 살아가는 사람처럼 **살아 있는 영혼**으로(창세 2.7) 구성되어 있기 때문이다.

에제키엘 37장에 대한 — 전적으로 미드라쉬적(!)인 — 이 독서는 고백자 막시모스 성인의 아주 깊은 직관을 얻어만나고 있다. 그의 저서 『신비 해명』*Mystagogie* 제6장에서 이 성인은 과연 성경을 살아 있는 인간적 존재에 비유한다:

> 마찬가지로 신비적 관조의 한 방식에 따르면, 교회는 **영적인 인간**Homme pneumatique이라 하고, 인간은 또 **신비적 교회**라고 일컫듯이, 그 총체로서의 성경 전체도 마찬가지로 **인간**이라고 불린다. 옛 계약이 몸이라면 영혼, 정신, 지성은 새 계약이다. 나아가 또 다른 해석은 이렇게 말한다. 즉, 거룩한 책은 그 총체로 보아, 다시 말해 구약과 신약의

문자와 역사라는 측면에서 보아 **몸**이다. 그러나 씌어진 것의 의미*nous*, 그리고 이 의미가 지향하고 있는 목적*skopos*은 **영혼**이라는 것이다. 우리 인간도 가시적인 겉모습에 따르면 사멸死滅하는 존재이지만, 보이지 않는 것에 따르면 불사불멸의 존재다. 이와 마찬가지로 거룩한 책도 문자라는 겉모습으로 보자면 한시적인 요소*proserchomenon*를 지니지만 문자 속에 감추어진 정신은 영속적으로 존재한다.

막시모스는 그 다음에 고린토 후서 4,16을 인용하며 사도가 **새로운 인간**을 두고 말씀했던 것을 성경에 적용시킨다:

> 사람에 대해 윤리적인*tropikôs* 해석으로 **우리의 겉사람은 썩어가지만 속사람은 나날이 새로워집니다**라고 하듯이, 성경에 대해서도 이처럼 생각하고 말해야 하는 것입니다: "문자가 지워지면 지워질수록(*hypochôrei*) 그 의미는 더욱 충만해진다(*pléonektei*)."[1]

이렇듯 **씌어진 것**이 살아 있고 늘 새로운 말씀의 성사임이 분명하다면, **거룩한 독서**가 교과서적이고 침울한 훈련으로서 그 시간이 다한 후 우리 안에 아무런 깊이있는 흔적도 남기지 않는 지성적인 놀이에 지나지 않게 되는 일은 불가능한 것이다. 오히려 우리에게 필요한 점은 에제키엘처럼 생명을 주시는 분인 영을 사방으로부터 부름으로써(에제 37,9 참조),

강생한 말씀을 만나는 것이다. **거룩한 독서**는 부활 아침의 체험, 생명의 아침에 대한 체험이다. 그리고 하느님께서 예언자로 하여금 몸소 뼈들 위로 영을 부를 것을 요구하고, 뼈들이 오로지 **사람의 아들**의 명령에 따라 집결된다는 것도 (에제 37,9) 의미심장한 것이다. 이 사실은 **내가 몸소 개인적인 기도 속에서 성령을 간청하지 않는 한**, 텍스트가 오늘 나를 위해서 살아나지 않을 것이며, 바싹 마른 자음들이 오늘 내 앞에서 춤을 추지도 않을 것임을 의미한다:

그래서 내가 기도하자 나에게 예지가 주어지고
간청을 올리자 지혜의 영이 나에게 왔다(지혜 7,7).

파스카의 아침에 예수를 죽은 이들 가운데서 부활시킨 성령(로마 8,11), 예수의 신체적인 몸을 부활시킨 그분은 우리를 위해서 매일 죽은 문자들 가운데에서 **의미를 부활시키는 분**이다. 오리게네스의 대담한 표현에 따르면, 성령께서는 **로고스의 육화**incorporation du Logos인 성격을 활성화시키는 분이시다. 그리고 전대미문의 이런 일은 오로지 하느님께서 당신 영의 생명을 주는 능력을 우리에게 전달함으로써, 이 능력을 우리 입 속에 그리고 우리의 마음 — 성경 말씀을 깨닫는 **뜨거워진 마음**(루가 24,32 참조) — 속에 담아둠으로써 발생한다. 이리하여 문자의 물질성 틈바구니에서 영성적 의미가 샘솟아 나오기에 이른다. 바로 이런 방식으로 하느님께서는 (**거룩**

한 독서**의 여정에서) 우리로 하여금 육화하신 당신 말씀의 부활에 신비스러이 참여하게 하시는 것이다. 이리하여 의미의 아침 나절의 이 발견에 서막이 되는 노고, 성경 탐구에 내재적인 이 힘든 노고는 파스카적인 의미를 띠게 된다: 주석학 — 물론 단순하게 학문적인 것이 아니라, **실존적인 주석학** — 역시 자기 십자가를 짊어진다. 그러나 이 십자가는 오늘도 우리와 함께 길을 동반해 주고, 또한 "성경 전체에서 당신에 관한 이야기를 들어 설명하시는"(루가 24,27) 부활하신 분과의 인격적인 만남에 도달하기 위한 것이다.

그러므로 성경을 몸소 쓰신 성령 안에서 하는 **거룩한 독서**는 이러한 **의미의 부활의 증인** — 요한 복음에서는 이 말이 **협력**을 뜻하거니와 — 이 되기 위한 것이다.[2] 마찬가지로 우리의 **독서**가 언제나 신적인 것이 되기 위해서 또 필요한 것은 **성령청원기도**épiclèse의 항구적인 마음의 자세다. 다시 말해 우리가 에제키엘처럼 끊임없이 성령을 간청함으로써 그분이 우리를 위해 오셔서 문자의 뼈들에게 생명을 불어넣기 위해서 말이다:

> 보내시는 당신 숨에 그들은 창조되어
> 누리의 모습은 새롭게 되나이다(시편 104,30).

성경은 우리의 대지大地, 우리의 동산이다. 로고스(말씀)는 우리의 우주다. 온 땅의 얼굴을 새롭게 하시는 성령께서는 또한 우리를 위해 끊임없이 텍스트의 얼굴도 새롭게 하신다. 그분께서는 창조 때처럼 성경 안에서도 **생명을 주시는** 당신의 이 역할을 실행에 옮기시는 것이다. 이는 하느님이 인간에게 주신 **창조와 성경**이라는 이 **두 권의 책** 안에서 당신을 인간에게 계시하고 인간과 함께 **서로 만나기 위함**이다. "내가 여러분에게 이야기한 말들은 영이며 생명입니다"(요한 6.63)라고 예수는 말씀한다. 성령은 우리를 위해서 문자를 성**체화시키려고**eucharistier, 우리에게 그 문자를 먹을 수 있는 것으로 만들기 위해서, **삼위일체의 빵** — 앞장의 예로니모 성인 참조 — 처럼 주시려고 우리에게 오신다.

"성경은 모두 하느님의 영감théopneustos에 의거한 것이다"(2디모 3.16)라고 사도 바울로는 우리에게 말한다. "*théo*(하느님)-*pneustos*(바람)": 이 표현은 무엇을 뜻하는가? 의심의 여지 없이 **하느님의 영감에 의거한 것**이라는 뜻이다. 그러나 더 중요한 뜻이 있다. 그것은 하느님께서 몸소 영감을 주신 성경의 외부에, 그 성경과 멀리 떨어져 존재하지 않으신다는 것이다. "*théo-pneustos*" ... 이 표현은 하느님께서 성경 안에서 호흡하고 있고, 거기서 언제나 호흡하고 있으며, 신적인 **프네우마***pneuma*(하느님의 바람)는 **오늘날에도 성경 안에 거주하고 있다**는 말이다. 그렇다. 하느님께서는 자음들로 이루어진 토라 — 모세오경 — 의 골방 안에서 숨쉬고 계시다. 다음의 말씀은 마치 하느님께서 이 글을 읽는 이에게뿐만 아니라 문자들 자체에게도 들려주시는 말씀 같다:

나는 또 너희 안에 내 영을 넣어주어, 너희가 (나의 규정들을 따라) 걷고 …(에제 36,27).

성경은 살아 있다. 성경은 하느님이 그 책 안에서 호흡할 수 있도록 걸어다닌다. 그러므로 이렇게 확신하자: **거룩한 독서**를 통해서 우리는 결코 움직이지 않고 고정되어 있는 텍스트로 가는 것이 아니라, 살아 있고 사람을 뒤흔드는 힘이 있으며 역동적이고 동인動因이 되며 창조적인 말씀으로 나아간다. 참으로 우리를 위해서 성경은 운반차가 되어야 한다. 성경은 우리를 실어가고 운반해야 한다. 여기서, 다소 길긴 하지만, 대 그레고리오 성인의 참으로 대가다운 말씀을 인용하려 한다. 이것은 아마 **거룩한 독서**와 이 독서가 성경과 맺는 연관성에 관해 쓰어진 글들 중에서 가장 적절하고도 실천적인 말씀일 것이다. 성인의 이 글은 놀랍게도 현대적인 감각을 지니고 있거니와, 유다 신비사상의 중요한 한 가지 테마와 다시 만나고 있다. 그것은 **메르카바**Merkhabah, 즉 에제키엘 1장에 나오는 **하느님의 이륜마차**에 관한 해석이다:

> 그 생물들이 나아가면 그 곁에서 바퀴들도 나아가고,
> 생물들이 땅에서 떠오르면 바퀴들도 떠올랐다(에제 1,19).

성도들이 거룩한 책에서 자기네의 윤리적 처신이 어떠해야 하는가를 읽을 줄 알 때에 그 생물들은 나아간다. 성도들이

관조를 통해서 넋을 빼앗기도록 스스로를 버려둘 때에 그 생물들이 땅에서 떠오른다. 그런데 한 성도가 거룩한 책에서 진보를 하면 할수록 성경도 더욱더 그와 함께 진보한다. 바로 그런 이유로 다음과 같이 말하는 것은 정확하다: **그 생물들이 나아가면 그 곁에서 바퀴들도 나아가고, 생물들이 땅에서 떠오르면 바퀴들도 동시에 떠올랐다.** 이는 바로 신적인 계시들이 이것을 읽는 사람과 함께 성장한다는 말이다. 사람들이 자기네의 시선을 높은 곳으로 두면 둘수록 그 의미도 더욱더 깊어진다는 말이다. 바퀴들은 생물들이 스스로를 떠올리지 않으면 스스로를 떠올리지 못한다. 만일 독자의 영혼이 올라가지 않으면, 이해되지 못한 채 남은 신적인 말씀들은 그야말로 땅 가까이에 머물고 만다. 신적인 텍스트가 읽는 사람에게 열기 없는 것으로 나타날 때에, 거룩한 책의 언어가 영혼을 움직이게 하지도 못하고, 또한 지성에게 그 어떤 빛을 비추지 않을 때에, 바퀴는 비활동적으로 땅바닥에 그냥 남아 있다. 생물이 땅에서 스스로를 떠올리지 않기 때문이다. 그러나 생물이 나아가면, 다시 말해 거기서 자신의 윤리적 발전을 위해서 이정표를 찾으면서 자신의 마음속에서 진일보를 한다면, 그 생물은 선업을 향해 진일보하는 법을 발견하게 된다. 그리하여 바퀴들도 동시에 떠오른다. 성경과 접촉함으로써 여러분 자신이 윤리적으로 더 나아지는 정도에 따라, 여러분이 성경 안에서 진보하고 있음을 알게 되는 것이다. 날개 돋친 생물이 관조 속에서 비상을 시작하면 바퀴들도 즉시 땅에서 스스로 떠오른다. 왜냐하면 거룩한 텍스트 안에서 지상적 표상으로 묘사된 것들이 사실은 땅에 속한 것이 아님을 여러분이 깨닫게 되기 때문이다. 이리하여 여러분은 관조의 은총을 통해 스스로 불타오르게 되고 또 하늘의 사물들에 이르기까지 넋을 빼앗기게 됨에 따라 성경의 말들이 하늘의 말들임을 느끼게 될 것이다. 읽는 이의 마음이 위로부터 오는 사랑으로 타오르게 될 때에 거룩한 본문이 지닌 경이롭고도 형언할 수 없는 힘을 깨닫게 된다.[3]

바퀴에 대한 그레고리오의 우의적 해석은 **거룩한 독서**에 대한 역동적인 이해를 담고 있다. 우리는 **거룩한 독서**에 대한 이 역동적 관념을 특히 염두에 두어야 할 것이다. **성경은 읽는 이와 함께 자란다**는 사실과 함께 깊은 주석학적 연구의 척도가 결국 윤리적이고 영적인 진보라는 사실을 상기시킴으로써 그레고리오는 다음의 핵심적 진리로 우리의 시선을 집중시킨다: **주석학** — **지성**intellectus — 과 **삶** — **마음의 발걸음**gressus cordis — 사이에는 하나의 대화, 일종의 항구적인 상호간섭이 존재한다. 우리는 이 점을 머지않아 다시 취급하게 될 것이다.

지금까지 에제키엘서는 우리에게 **거룩한 독서**에 관한 세 가지 패러다임을 제공해 주었다. 그것은 다음과 같이 요약될 수 있다:

에제 3장 — 거룩한 책의 환시:

거룩한 독서는 **음식-먹기**다.

에제 37장 — 바싹 마른 뼈들:

거룩한 독서는 독자가 성령께 유순히 귀를 기울임으로써 이루어지는 **의미의 부활**이다.

에제 1장:

성경은 일종의 **차량**이다. **주석학의 움직임은 삶의 움직임**에 관련되어 있다.

이리하여 우리는 미드라쉬의 방식으로 읽은 성경 자체를 통하여 어떻게 성경을 읽어야 할지 알게 되었다.

주

[1] Maxime Le Confesseur, *Mystagogie*, VI, PG 91, 684 AD.

[2] Jérôme, *Commentaire de l'Épître aux Galates*, 5,19-21, *PL* 26, 417, cité par Vatican II, constitution *Dei Verbum*, 12; Guillaume de Saint-Thierry, *Lettre d'or*, 121, SC 223, 239 참조.

[3] Grégoire Le Grand, *Homélie* VII "sur Ézéchiel", 8, *SC* 327, 245, trad. Ch. Morel, s.j. Cf. H. de Lubac, *Exégèse médiévale*, t. I, 653-6.

14

두 개의 동산

그러므로 에제키엘과 대 그레고리오 성인의 교훈을 명심하자. 말씀과 우리 삶 사이의 모든 거리를 없애버리고, 살아 숨쉬고 걸어다니는 이 **힘**에 대한 모든 저항을 쳐부수고 승리하도록 최선을 다하자. 두뇌중심적이고 교과서적인 형태의 독서로서 **거룩한 독서**와 일상적이고도 구체적인 우리네 다른 일거리 사이에 분할이 생기지 않도록 경계하자. 우리의 **거룩한 독서**는 여러 가지 많은 활동들 중에 속하는 한 가지의 활동이 아니다. 이 독서는 다른 활동들과 유기적인 연결성이 없는 것이 결코 아니다. 오히려 **우리의 모든 삶**이 하나의 **항구적인 미드라쉬**가 되어야 마땅하다.

살아 있고 동인이 되며 창조적인 말씀과의 접촉인 **거룩한 독서**는 모든 면에서 우리의 초자연적인 — 자연적인 면에서도 마찬가지로! ― 인간됨을 형성시켜 준다. 하느님의 생각을 우리에게 전달함으로써, 이 독서는 하나의 소우주인 우리의 지성계를 건설해 주는 것이다. 시나이 산의 신현(神顯), 오순절의 성령강림, 새로운 율법의 선물을 현실화함으로써, 이 독서는 우리의 윤리적 행위에 영감을 내린다. 그러나 이미 위에서 보았듯이 이 독서는 기억력, 상상력, 감수성 등 인간 내부의 모든 영역을 만들어 준다. 간단히 말해 **거룩한 독서**를 통해 날마다 내면화된 하느님의 말씀은 우리의 사람됨 전체를 건설해 준다. 그리고 지적이고 윤리적이며 미적인 세 차원에서 우리를 끊임없이 창조한다. 여기서 **미적인 차원**은 물론 가장 넓은 의미에서 이해해야 할 것으로서 예술적인 능력을 포함하는 것이다. 사실 그리스도인적 **예술**의 원칙에는 그리스도인적 **사유**와 그리스도인적 **거룩함의 원칙**에서와 마찬가지로, 언제나 성경이라고 하는 이 미학적 우주, 극도로 풍요로우면서 복합적인 이 우주의 심도있는 동화 ― 혹은 내면화 ― 가 자리잡고 있다.

한 처음에 하느님은 모든 사물을 인간을 위해서 만드셨고, 또한 창조된 동산의 한가운데에 인간을 놓아두셨다. 그것은 인간이 그 동산을 지키고, 그곳을 경작하며 또한 거기에다 마치 자신의 표지를 새기듯 질서를 부여하도록 하기 위함이었다(창세 2,15 참조). 그런데 똑같은 하느님께서 이제 인간을 위해 성경을 만드셨고, 또 거기에 마치 에덴 동산의 한가운데 그러셨듯, 사람을 두시어 거룩한 책을 지키고 또 어떤 의미에서 경작하게 하셨다. 가시적인 우주 안에서 모든 노동과 활동을 통해 하느님의 창조사업을 보좌하고 지속해 나가는 인간은 성경을 이루는 책들 가운데서도 마찬가지로 실존적 주석이라고 하는 참다운 노동을 통하여 하느님의 말씀을 보좌하고 지속시켜 나가는 것이다. 그러므로 인간을 위해서 두 개의 책과 두 개의 동산이 존재한다: 창조의 세계와 성경의 세계.[1] 성경이 하나의 동산인 것처럼 창조의 세계도 하나의 거대한 책이다. 그리고 이 두 가지 동산의 중심에 자리잡고 있는 존재, 곧 인간은 동일한 과업을 가지고 있다: 정원사의 과업 … 대자연의 정원사, 성경의 정원사. 인간을 위해서 창조의 세계와 성경의 세계라는 두 가지 책이 있기 때문에, 이 두 책의 중심에 아주 자연스레, 하느님께서 원하셨고 축복하신 사람의 활동이 존재하는 것이다.

앞서 우리는 에제키엘 37장을 두고, 어떻게 하느님께서 예언자를 도구로 삼되, 그로 하여금 능동적으로 **뼈들의 부활에 참여하도록 하고 있는지**에 주목한 바 있다. 이 참여는 예언자 자신이 생명을 주는 영을 간청하여 하느님이 그에게 능력을 전달함으로써 이루어졌다. 창세기 2장은 전적으로 비슷한 그 무엇, 하느님과 함께하는 **인간의 협력**이라는 같은 아이디어를 우리에게 보여주고 있다. 하느님은 사람이 **모든 피조물을 무엇이라 부르는지를 보시려고** 그것들을 사람 앞으로 데려가셨다. 피조물 각각은 **인간이 각자에게 붙여준 이름을 지녀야 하겠기 때문이다**(창세 2.19). 하느님은 당신이 에제키엘의 기도 능력을 비준하신 것처럼, 아담의 이름 붙이는 능력을 비준한다. 정말 그렇다. 당신의 모든 피조물들을 우리 앞으로 데려오셔서 우리가 이름을 지어주도록 하셨듯이, 하느님께서는 당신 성경의 모든 단어들을 신비스러이 우리 앞으로 데려오셔서 당신 입의 말씀이 우리에게서 완성되도록 하신다. 그리고 마치 어린이가 남들이 불러주는 철자들을 따라 하듯이 우리도 당신과 함께 당신을 따라서 성경의 단어들을 발성할 수 있도록 하시는 것이다.

한 처음 낙원의 문간에서처럼 하느님은 성경 책들의 동산 문간에 인간을 위해서 하나의 **게시판**을 설치하셨다: 추구해야 할 동산. 한편 마리아께서 **그 모든 일을 마음속에 새기어 보존했으므로**(루가 2.19 참조) 이 동산은 또한 **지켜야 할 동산**이기도 하다. 교회 역시 성경의 **수호자**가 아니던가. 마찬가지로 그 정원은 **경작을 해야 하는 곳**이다: "사람이 그곳을 일구게 하기 위해서였다"(창세 2.15). 참다운 **독서**는 **힘든 작업**이다. … 하느님이 심으신 에덴 동산은 저녁답의 산들바람, 샘 그리고 동산을 보살피던 인간의 노력이 서로 협력할 때만 꽃필 수 있었다. 이처럼 신적 문자들의 동산도 우리가 **저녁 산들바람** 속에 머물 때, 즉 성령께서 불어와 주십사 간청할 때 이 성령은 **바람**이요 동시에 **샘**이시다. 그리고 우리 편에서도 해야 할 노력을 다할 때, 그때라야만 꽃을 피울 것이다. 정원사가 정원을 애써 가꾸지 않는다면 어떻게 자음들이 꽃피어나는 것을 볼 수 있으랴. …

북녘 바람 일어라,

남풍아 오라!

내 동산에 건듯 불어

그 향기 떨쳐다오!(아가 4,16)

주

[1] "네가 어느 자리를 주시하든, 하느님의 신비는 거기에 있다. 네가 읽고 있는 어디에서나 너는 그분의 형상들을 만난다." Éphrem, *Sur la virginité*, XX, 12, *CSCO*, 223, 70.

15

모든 것을 휩쓸어 가는 강

성경의 **정원사**, 하느님의 **협력자**(synergoi, 1고린 3,9) 그리고 말씀의 **시종**(hypèrétai, 루가 1,2) 자격을 지닌 우리는, 요컨대 시편 103,20의 자의적字義的 새김에 따라, **말씀의 목소리를 경청하기 위한 말씀의 집행자들**이다. 랍비적 전통에 따라 이 말씀은 이렇게 해석된다:

> 의인들이 하느님의 한 말씀을 경청하기를 원할 때, 그들은 먼저 말씀을 실천하고 말씀을 건설하며 또한 말씀을 제조한다. 다시 말해, 그들 편의 적극적인 활동을 통해 그들은 신적인 말씀을 경청할 수 있는 능력에 도달한다.[1]

성경의 동산 안에서 우리가 실행해야 할 주석학적 작업은 **실**

존적 미드라쉬라고 불려질 수 있다. 그런데 참으로 건설적인 말씀의 주석학은 거기에 옮겨다 놓을 수 있는 모든 생생한 재료들을 요청하고 이용한다. 모든 성경의 주님이요 목적으로서 성경을 **완성**(마태 5.17)하시는 절대적이고도 유일한 면모를 제외한다면, 예수께서는 우리가 수행해야 할 **실존적 미드라쉬** 작업의 모범이 되어주신다. 실로 그분의 가장 사소한 말씀들, 가장 사소한 몸짓들조차도 당신의 인간적 삶이 성경과 지극히 내밀하고도 놀랍도록 자연스럽게 연결되어 직조되어 있음을 보여주었다. 또 다른 표상으로 이야기한다면, **거룩한 독서**의 강은 **생명수의 강**으로서 날이면 날마다 불어나 제 흐름 속으로 모든 범람을 이끌어들이고, 삶의 모든 침적물들을 그 고유함과 구체성, 그리고 직접성과 함께 이끌어들이는 소명을 지니고 있다. 한마디로 모든 것을 제 흐름 속으로 이끌어들여야 하는 것이다: "하느님의 도성을, 강물의 줄기들이 지존의 거룩한 장막을 즐겁게 하도다"(시편 46.5). 우리는 성경인 이 예루살렘을 향해서 "바다의 모든 무리"(이사 60.5), 다시 말해 삶을 구성하는 모든 것의 방향을 잡도록 해야 한다. 동시에 이와 반대 방향으로 일상의 가장 자질구레하고도 평범한 것들을 향해 나아가되, 언제나 우리 내면에서 성경이라는 거대하고도 다중적인 큰물의 물소리를 들어가면서 나아가야 한다.

 우리는 **거룩한 텍스트**에로 우리의 모든 체험, 기쁨, 고통, 수많은 죄, 거듭되는 뉘우침, 추억, 욕망, 감동, 꿈과 함께 나아간다. 우리는 그 텍스트에로 인간적 문화와, 매번 거행하는 전례적 시간과, 창문 너머 경치와, 자연과 은총의 미묘한 계절 변화와 함께 나아간다: **거룩한 독서**는 지각할 수 없게 서서히 성탄절이나 부활절의 정취, 혹은 폭풍우 휘몰아치는 날이나 눈발 날리는 날의 정취를 느끼게 한다. 이 독서에서 흥미를 끌지 않는 것은 아무것도 없다. 모든 것이 중요하다. 모든 것이 우리의 미드라쉬를 구성하도록 끼어들 자격을 지니고 있다. 각자는 성경으로부터 자기 삶의 고유한 형태를 받도록 불리움과 동시에 자기 삶의 고유한 궤적에 따라 성경의 동산을 다시 그려보도록 불리었기 때문이다. 많은 시편들이 다윗의 구체적인 삶의 정황과 연결되어 있듯이 우리 역시 성경의 각 구절을, 그 구절의 의미를 **실존적으로** 깨닫게 해준 삶의 어떤 순간, 어떤 체험, 혹은 어떤 정황들과 연결시킬 줄 알아야 한다. 그러면 성경은 우리를 위해 정녕 하나의 **시간 전례** 책이 되어서 삶에 리듬을 부여하고 동시에 삶을 통해 리듬을 부여받게 되는 것이다. 성경의 동산은 그 안으로 들어가도록 허락된 모든 이에게 자체로는 같다. 그러나 각자는 거기에서 전대미문의 꿀맛, 그리고 이후로도 다시 똑같이 만들어지지는 못할 그런 독특한 꿀맛을 만들어낸다.

주

[1] Rabbi Nahman de Braslav.

16

텍스트, 컨텍스트, 계기
Texte, contexte, prétexte

말장난 하나가 성경과 우리 사이의 살아 있는 관계를 정의하는 데에 도움이 될 것이다.

거룩한 책 그 자체는 하나의 **텍스트**다. 이 단어는 우리가 이미 지적한 것처럼, 단선적이거나 혹은 평면적인 의미로서가 아니라 **볼륨, 부피**의 의미로 텍스트란 말이다. 하나의 텍스트, 즉 다시 말해 극단적으로 복합적이고 내구성이 있는 일종의 **직조물**contexture — 라틴어 동사 텍세레texere는 "직물을 **짜다**"에서 파생된 낱말이다[1] — 이다. 그러나 직물의 씨실 중 하나라도 잡아당기면 곧장 직물 전체를 풀어버릴 수 있듯, 텍스트 역시 그러한 것이다. 왜냐하면 금실의 매듭 안에서, 다시 말해 "왕의 딸이 곱게 차려입은 화려한 비단천"(시편

45,14-15 참조) 안에서 모든 것이 서로 엮어져 있기 때문이다.

바로 이런 텍스트에 대해 우리의 삶은 그 절대적인 고유함과 여러 차원을 지닌 총체성과 함께 불가피하고도 서로 떼어놓을 수 없는 **문맥**con-texte[2]의 구실을 한다. 텍스트는 우리의 삶을 설명하고 우리의 삶 역시 끊임없이 텍스트를 설명하며 명백하게 밝힌다. 이는 말씀과 우리 삶이 풀 수 없이 **뒤섞여 있음**을 말한다. "내 내장 속에 당신 법이 새겨져 있나이다"(시편 40,9). 바로 이 생생하고도 전체적인 문맥 안에서 ― 그러니까 순전히 두뇌 위주의 사변성 안에서만이 아니라 ― 우리 정신의 각 기능들의 협력에 힘입어서, 텍스트는 모든 의미를 드러내 보이며 우리는 또 그 의미를 얻어 만나게 되는 것이다. 문맥은 또한 성경의 각 구절들이 신적 계시가 지닌 심오하고도 내적인 응집력으로 말미암아 그 해석에 필요한 다른 모든 부분들과 서로 **같은 문맥을 이룬다**con-textuel는 사실도 뜻한다.

끝으로, 우리는 텍스트를 두고 계기契機(pré-texte)[3]라는 표현을 쓸 수도 있다. 이런 개념을 통해서, 사람들은 말할 나위도 없이 성경책들의 진지함, 그 권위, 그에게 고유한 확고함을 평가절하하려는 것이 아니라, 오히려 이 **거룩한 텍스트**의 **풍요다산성**을 의미하고 있다. 이 텍스트는 그 역사의 시초에서부터 이것을 읽고 묵상하는 사람들에게 또 다른 텍스트들을 만들어 내도록 부추기고 시사하기를 그치지 않았기 때문이다. 신적인 성경은 인간의 글쓰기에 (가장 고귀하고도 진지한 의미에서) **계기**가 되어, 이 글들로써 자신을 **연주**하고 **호위**하도록 한다. 지나치면서 한번 더 강조하지만, 바로 성경의 이같은 **계기적**prétextuel 성격의 이름으로 교회 교부들의 주석학적 주해서들에 대한 옹호론을 펼칠 필요가 있다. 교부들이 전개한 우의적 해석은 심지어 겉으로 보기에 지나치게 대담하고 환상적인 것처럼 드러나는 것이라 할지라도, 전혀 근거없고 우발적인 것이라고 배척해서는 안된다. 이는 합당하지도 않거니와 무례한 태도다. 성경의 계기적 성격은 **저자** — 하느님 — 자신이 적극적으로 원했던 것이다. 이 신적인 저자가 인간에게 말씀하실 때에는 동시에 인간 편에서의 응답을 부추기시며 이 말씀을 주해하도록 영감을 불러일으키시는 것이다. 한 소리의 발성은 이 소리에 반향하는 메아리와 늘 상관관계에 있다. 마찬가지로 다성적 변주곡들은 이 변주곡들을 탄생시키고 또 뒷받침해 주는 원래적 테마와 늘 상관관계에 있는 것이다. 현재 우리가 다루고 있는 문제와 관련해서 말하자면, 모든 주석적 **아르페지오**는[4] 적법할 뿐만 아니라 우리 관심의 대상이 되기에도 합당한 것이다. 물론 이런 변주곡들이 성경의 정신과 교회 교도권과 **화음**을 이루며 유기적 연속성을 지니는 한도 내에서 말이다.

주

[1] 이 라틴어 동사 texere에서 현대 서구어의 texte(텍스트), textile(직물), tissu(천), trame(직물)의 씨실 등이 파생된다. 그러므로 texte라는 단어는 문자로 직조(織造)된 글을 가리킨다.

[2] 불어의 con은 라틴어 동반 부사 "cum: ～와 함께, 같이, 더불어"의 의미를 가진다. 그러므로 "con-texte", 즉 문맥의 의미는 "텍스트와 함께"라는 뜻이다.

[3] 프랑스어 prétexte는 구실, 핑계의 경멸적인 의미도 있으나, 여기서는 "어떤 일이 일어나거나 결정되는 근거나 기회"의 의미로 사용된다.

[4] 어느 한 원초적인 음악의 주제가 다양한 변주곡을 유발시킨다는 의미로 쓰인 단어다.

17

꽃으로 피어난 자음(字音)들의 동산에서

그러나 이런 일은 단지 위대한 사람들, 교회의 교부들, 주석학의 거장들에게 유보되어 있는 것이 아닌가?! 그들만이 다양한 오페라의 서곡과 푸가(둔주곡)를 작곡하기 위해서 거룩한 책의 **계기**를 잡는 사람들이 아닌가! **아니다.** 우리 각자가 성경을 계기로 삼아 아름다운 멜로디를 작곡할 수 있다! 그리고 계기 혹은 기회의 이런 개념은 비록 우리가 보잘것없는 작은 자들이라 해도, **거룩한 독서**의 아주 중대한 특성을 알아보도록 우리를 인도한다. 그 특성이란 바로 **창의력, 창작력, 항구적인 새로움**이다. 이런 단어들은 우리를 놀라게 하고, 심지어는 불안하게 할 수도 있다. 그렇다면 여기 **자유사상**이 있단 말인가? 결코 그렇지 않다! 이런 단어들을 잘 이해하는 것으로 충분하다. 만일 성서 주석학이 성사들로부터 영양분을 공급받는 대신덕적 삶으로부터, 성전聖傳과 교회의 교도권에 대한 기껍고도 온전한 애착으로부터 분출한다면, 이런 주석학은 아우구스티누스 성인이 말했다는 다음의 규칙 이외에는 다른 규칙을 지니지 않는다: "사랑하라 그리고 그대가 원하는 것을 하라"(Ama et fac quod vis). 만일 참으로 우리가 "우리에게 선사된 성령 안에서"(로마 5,5) 그리고 "교회에게 직접 말씀하시는 그분"(묵시 2,7 참조) 안에서 성경을 읽는다면, 이 성경은 우리에게 매일매일 여러 가지로 새로운 발견, 발명, 비교하기, 작곡, 광시곡의 계기가 되어줄 것이다. 어린이 철부지들의 바로 이런 주석학, "집 안에 살고 있는 아들들의"(요한 8,35; 히브 3,6 참조) 이 주석학에는 자유와 성령의 새로움밖에는 다른 규칙이 존재하지 않는다. 우리는 성경 안에서 마치 내 집 안에서처럼 살고 있다. 요컨대 오리게네스나 그레고리오 대 교황, 혹은 성 베르나르도, 혹은 알렉산드리아의 저술가들이나 중세 저술가들의 책을 읽을 때, 우리는 그들의 주석을 특징짓는 자유분방함으로 인해 놀랄 수 있다. 그러나 이들이야말로 성경을 제 집처럼 편안히 여기며 성경 안에서 제멋대로 노닐던 분들이었다! 이들의 천재성을 우리가 가지지는 못하지만, 이분들이 지녔던 참되고도 깊은 자유는 꼭 배워야 한다.

이 창조적이고도 (가장 포괄적인 의미로) 시적詩的인 주석학으로, 우리 각자는 마치 잔치에 초대받듯 무상으로, 순전히 **공짜로**(묵시 22,17) 초대받았다. 이런 주석학은 비범한 지성의 재능을 요청하지도 않는다. 하늘의 아버지는 "슬기롭고 똑똑한 사람들에게는 이것을 감추시고 철부지 같은 사람들에게는 이것을 계시하셨기 때문이다"(마태 11,25). 아주 단순하게 우리 각자는 자신이 세례성사를 받은 이래로, 그리고 새로운 방식으로 자기가 **회개한** 날 이래로, 성경책들의 동산 안으로 들어갈 권리가 있으며, 거기서 저녁 산들바람 속에(창세 3,8 참조) 주님과 함께 산책할 권리가 있다.[1] 우리 모두는 거기서 꽃으로 피어난 자음들 앞에서 한가로이 머무르고, 이 꽃을 따며, 이것에서 꿀을 모으고, 꽃다발의 색깔과 형태를 무한정으로 배합할 권리가 있는 것이다.

주

[1] "클로델(Claudel)은 시편들을 번역하지 않는다. 그는 이것들을 가지고 다시 기도하고, 다시 춤을 추기 시작하며, 하느님과 함께 아주 가까이서 일종의 회화(會話) 안에서 그 시편들을 다시 뜨개질한다. 이런 대화 안에서 문제가 되는 것은, 다윗에게 그리고 자기보다 앞서 삶을 산 예로니모 성인에게 그러했듯이, 무엇보다 앞서, 사람들이 경청하기를 원하는 영원하신 분의 마음에 도달하는 것이다." Pierre Claudel, *Avant propos des Psaumes de Paul Claudel*, Paris, 1966.

18

불타는 자음字音

거룩한 독서는 우리 안에서 불타는 떨기의 체험을 갱신해 주어야 할 것이다. 성경의 단어들은 무한정으로 부딪치는 부싯돌처럼 언제나 새로운 불꽃을 튀긴다.[1] 성경은 반짝반짝 튀어오르는 **불꽃의 책**이다. 우리 하느님은 "삼켜버리는 불"(신명 4,24)이시다. 성경을 읽으면서 우리는 성령께서 신적인 입에서 나오는 말씀들을 완전히 소진함이 없이 불태우고 계신 것을 보아야 할 것이다. 나아가 불타는 자음들을 보면서 거룩한 호기심에 사로잡혔던 모세와 함께 이렇게 말해야 할 것이다: "내가 가서 이 놀라운 광경을 보아야겠다"(출애 3,3). 문자는 우리에게 말하자면 성역聖域의 가장자리처럼 되어야 할 터이다. 그리하여 이 성역 안으로 들어가려는 이는 누구든 발에서 신을 벗어야만 할 것이다(출애 3,5 참조).

불타는 떨기와 시나이 산의 언제나 현실적인 체험인 **거룩한 독서**는 또한 타보르 산의 체험이다. 이는 바로 **그리스도 현현**顯現(christophanie)이다. 언제나 기도에서 출발하고 또 즉시 기도로 되돌아갈 태세(루가 9.29 참조)가 되어 있는 우리의 **거룩한 독서**가 성령의 "빛나는 구름"(마태 17.5 참조) 아래에서 완성되는 바로 그 순간에 우리의 시선은 텍스트에 머물러 있지 않다. 이 시선은 한 **얼굴**을 뵙고 있다. 그리스도의 얼굴을 향해서 몸을 돌리는 우리에게 **너울**은 벗겨졌고, 그리하여 우리는 "너울을 벗은 얼굴로 거울을 보듯 바로 성령인 주님의 영광을"(2고린 3.15-17 참조) 읽고 있는 것이다. 우리를 위해서 **텍스트**는 그리스도의 **얼굴**이다. 문자의 **거룩한 변모** 체험이라 할 우리의 **거룩한 독서** 안에서 본문 전체가 율법과 예언서와 시편들 중심에 서 계신 분인 그리스도와 **이야기를 나누기**(syl-lalein) — 모세와 엘리야에 관해 말하고 있는(루가 9.30 참조) — 시작하며, 모든 계시의 중심되는 사건, 곧 예수와 우리 자신의 파스카적 **출애굽**에 관해 **대화**하기(légein: 루가 9.31) 시작한다. 이 사건은 바로 예수와 우리의 파스카적 **탈출**exode이다. 우리가 문자의 **거룩한 변모**에 관해 말할 수 있는 것은 성경이 육화의 **경륜**économie에 속하기 때문이며, 따라서 육화한 말씀의 신인적神人的 특성에 그 겸손과 그 영광에 참여하기 때문이다.[2] 결과적으로 문자의 겸손을 통해서, 예수의 인간적 조건의 겸손함을 통해서도 마찬가지로, 신적인 위격位格이신 말씀의 영광으로 접근함이 가능하게 된 것이다. 간

음하다가 현장에서 들킨 여자를 재판할 적에, 예수께서는 "몸을 굽혀 손가락으로 땅에 무엇인가 쓰셨다"(요한 8.6)라고 사도 성 요한은 우리에게 보도한다. 예수께서 그리신 이 신비스런 그림, 스스로 **낮추시고 비우시는**kénose(katô kypsas) 움직임으로써 우리와 같은 살을 입으신 말씀께서 그 똑같은 움직임 — 낮추심 — 으로 우리를 위해 그리신 바로 이 그림에서, 우리는 성경의 한 표상을 볼 수 있지 않겠는가? 성령이 문자 아래에서 감추어진 의미를 계시할 적에, **말씀의 옷**[3]인 성경은 예수의 옷과 육체처럼 찬란한 빛을 발하기 시작한다. 예수의 "꿰맨 데 없는 겉옷"(요한 19.23)은 성경의 단일성을 뜻한다. **지극히 자비로우신 분**께서 우리의 땅 위에 그리신 그림(요한 8.6)은 성경의 겸손함을 뜻한다. 바로 이 모든 것이야말로 거룩한 자음들이 우리에게 뜻하는 것이다. 우리는 앞에서 이 자음들을 에제키엘의 바짝 마른 뼈들과 비교했다. 이 자음들은 또한 "그의 뼈가 하나도 꺾어지지 않으리라"고 기록된 그 어린양의 뼈들이 아닌가?(요한 19.36; 출애 12.46).

주

[1] "결코 정신은 이것을 계시해 주는 문자와 이별하지 못한다. 그와는 아주 정반대로, 정신은 암시의 새로운 가능성들을 문자 안에서 일깨운다." E. Levinas, *Quatre lectures talmudiques*.

[2] H. de Lubac, *Histoire et Esprit. L'intelligence de l'Écriture d'après Origène*, Paris 1950, 336 s 참조.

[3] André de Crète, *Sermon sur la Transfiguration*, *PG* 97, 948; Jean Scot Erigène, *In Iohannis Evangelium*, I, 30, *SC* 180, 154; Rupert de Deutz, *In Genesim*, VIII, 20, *CCCM* 21, 505; Aelred de Rievaulx, *Sermones inediti*, 10, éd. Talbot, 86.

19

오 늘

불타는 떨기는 우리를 **타보르 산**으로 인도했다. 이제 타보르라는 주제에서 벗어나 원래 주제인 **새로움**으로 되돌아오도록 하자. 성경의 각 구절, 각 단어는 하나의 상자에 비교될 수 있다(히브리어에서 **터바흐**_Tebah_는 **단어**와 **상자**를 의미한다!). 필요한 것은 어린아이가 조바심을 내고 경탄하며 선물 상자를 열듯 이 **단어-상자**를 여는 것이다. 주석학은 히브리어로 일종의 **퍼티하크**(열기), 항구적인 열다: 문자의 열기와 의미의 발견, 성령을 향해 문자를 열기, **말씀**으로 우리의 삶을 열기, 하나의 응답, 찬미의 **고백**을 위해 우리의 입을 열기.

발견에서 발견으로, 쇄신에서 쇄신으로, 그리하여 우리는 드디어 **원천**에 이르기까지 나아간다. 그리하여 말씀과 신비스럽게도 동시대인이 되는 것이다. 그 영원히 신선한 솟구침, 그 에너지, 그 작열하는 빛살과 동시대인이 되는 것이다. "주님, 우리가 누구에게로 물러가겠습니까? 주님은 영원한 생명의 말씀을 가지고 계십니다"(요한 6,68). 바로 오늘이 막대기가 친 바위다. 12세기 유다 주석의 거장 **라쉬**Rashi는 신명기 26,16을 다음과 같이 주석하고 있다:

> **오늘** — 하윰 하제: 오늘 바로 이날 — 이란 무슨 뜻인가? **거룩하신 분** — 그분은 찬미받으소서! — 은 현재의 시각에 이르기까지 아무것도 명령하신 것이 없단 말인가? 그럼에도 불구하고 문제가 되는 오늘은 계시가 있고 난 뒤에 40년째 되는 해에 자리잡고 있다. 보라, 알아들어야 할 필요가 있는 것은 바로 이것이다: "**모세는 이스라엘**에게 말했다: **토라**(율법)는 너희에게 그토록 귀중한 나머지 모든 날이 **계시**의 바로 그날이 되어야 한다고 하느니라."

그리고 몸이 되신 말씀 안에서 계시의 충만함을 받은 우리는 아직 더 많은 것을 말할 수 있다. 성경을 읽을 때, 우리는 아버지께서 당신과 본성이 같으신 외아들이신 말씀을 낳으시고 발설하신 그 영원한 **오늘**로 신비스럽게 접근하는 것이다. 바로 이 말씀 안에서 각자의 이름이 발성되었고 — "그분은 그리스도 안에서 우리를 뽑으셨다"(에페 1,4) — 바로 이 말씀 안에서 우리를 위한 모든 구원의 말씀이 선포된 것이다.

20

대성당을 위한 돌 하나

날이면 날마다 항구한 **미드라쉬**를 수행하는 그대의 독방 안에서 텍스트를 그대 삶의 흐름 안으로 육화시키는 인내롭고도 묵묵한 이 작업을 수행하는 그대의 내밀한 독방에서 그대는 혼자가 아니다. 고대의 그리스도인들은 성경의 몇 가지 대목에 관해서 주석학적 **연쇄/사슬**을 만드는 것을 좋아했다. 예컨대 시편 119에 대한 **팔레스티나 사슬**Chaîne Palestinienne은 오리게네스와 아타나시오, 그리고 디디모스와 에우세비오 등이 각 구절에 붙여놓은 주해들을 모아놓은 것이다. 그렇다면 그대가 성경을 읽고 있고 그대 자신의 주석을 작성하고 있을 적에, 그대 역시 주석학의 거대하고 살아 있는 사슬의 한 고리를 이루고 있다는 사실을 생각해 보았는가? 그 사슬의 첫 고리는 **모든 것을 마음속에 간직하시던** 마리아님 주위로 모여든 성령강림의 동시대인들이다. 그리고 마지막 고리는 교회의 마지막 세대로서, 모든 것이 다 이루어져 하늘이 "두루마리가 말리듯이 사라져 버릴"(묵시 6.14: 이사 34.4) 바로 그날과 동시대인들일 것이다. 과연 그렇다. 그대 역시 그대의 미천한 자리에서 **말씀하시는 분**을 밝히 뵈올 날을 기다리며 이분이 우리에게 남기신 사랑의 편지를 열심히 탐색하고 있는 수많은 선남선녀의 연결고리 중 한 고리다. 독방의 고독에서 그대는 실상 동일한 책의 수신인인 전인류와 연대되어 있는 것이다.

우리는 앞서 **거룩한 독서**가 말하자면 우리의 개인적인 소우주 전체의 협력과 동원을 요구하고 있음을 보았다. 이제 우리는 어떻게 이 독서가 교회적 대우주의 총체에 연결되어 있는가를 보고 있다. 어떤 이는 **거룩한 독서**가 일종의 사적인 수행이라고 생각할 수도 있을 것이다. 그러나 이 **교회적 차원**dimension ecclésiale은 매우 큰 중대성을 띠고 있으며, 또 우리는 끊임없이 우리 안에서 이런 차원에 대해 분명히 의식화되어야 한다. 그리고 이런 의식 속에는 아주 큰 기쁨의 원천이 존재한다.

그대가 **거룩한 독서**에 몰두할 때에, 그대를 초월하고 모든 측면에서 그대를 능가하는 한 작업 속에 그대가 뛰어들고 있는 것이다. 그대는 수많은 노동자의 무리 속의 한 노동자로 공사장 안으로 진입하고 있다는 말이다. 과연 이런 활동의 수행 안에서, 그대 존재의 모든 자원을 총동원하고 간추리고 있기에, 그대는 아주 독특한 자격으로, 총체적 몸인 교회의 구성원이다. 그러므로 그대는 언제나 교회의 아들인 구성원이라는 자격으로 말씀을 만나야 하는 것이다. 오로지 교회만이 말씀의 참다운 대화 상대자요 진정한 보관자이기 때문이다. 그대의 **거룩한 독서**의 겸손함·어둠·고독을 통해서 광대하고도 거대한 그 무엇이 생성되고 있으니, 그대를 통해 그리고 그대 안에서 말씀이 마음으로 내면화되는 과정을 완수하는 것은 바로 교회인 것이다. 마리아님은 "모든 것을 당신 마음속에 간직하고 비교했다. …"(루가 2.19). 그러므로 이제 그대는 거대한 교회적인 이 마음의 한 **다락방**이 되어, 성령강림에서 그리스도의 재림에 이르기까지 성경을 지키고 비교하며 읽고 그 뜻을 심화하기를 그치지 않을 것이다. 거울처럼 혹은 몸이 온통 눈으로 된 다면체처럼, 혹은 앞뒤가 눈들로 꽉 찬 생물체(묵시 4.6 참조)처럼 그렇게 그대는 성경을 응시하기를 그치지 않을 것이다.

그대는 혼자가 아니기 때문에, 그대는 성경 의미에 대한 탐구라는 이 거대한 작업에서 첫 사람도 아니요 마지막 사람도 아니기 때문에, 그대에 앞서, 그대와 동시에, 그대 뒤에, 동일한 이 거대한 책에 질문을 던지는 모든 사람과 고요히 형제같이 지내기 때문에, 그대는 자신의 **거룩한 독서**의 존엄성과 중대성을, 심지어는 그 필수성을 쉽게 이해하게 될 것이다. 성경의 우주 안에서 오직 그대만 간직해야 할 무엇이라 하더라도, 그대의 개인적이고도 매우 내밀한 주석은

의미의 대성당cathédrale du sens을 건설하는 데에 중요하다. 다시 말해 역사의 순례자인 교회가 주체가 되어, 자신에게 말씀을 건네오신 신랑께 혼인의 응답이요 경의의 표시로 드리는 저 공동체적이고 전체적이며 **보편적인** 주석이 중요하다는 것이다. 성경의 각 구절은 하느님께서 당신 입으로 내뱉으신 소리와도 같다. 이 소리의 음파音波는 "세상의 극변에 이르기까지 퍼져나가야 하고"(시편 19,5), 또 이 음파를 인식하는 각 사람의 마음이 제공하는 공명共鳴 상자를 통하여 반향을 울려야 한다.

이제 필자는 아마도 그대가 한번도 생각에 떠올리지 못한 한 가지 신비를 말하려고 한다. 성경의 가장 보잘것없는 말씀의 의미는 역사의 마지막 인간이 자신 안에서 긴 시간 그 말씀을 경청하고 그에 응답했을 때에만 환하게 또 충만하게 밝혀질 것이다. 한 그리스도인 세대에서 또 다른 그리스도인 세대로 이어지면서, 말씀의 의미는 끊임없이 그 목록을 새로 작성하면서 풍요로워지고 가지를 쳐나갈 것이다. 그것은 마치 끊임없이 제 몸을 불려가는 강과도 같을 것이다.

> 물의 근원이 비록 그 범위는 작아도 여러 갈래로 흘러 숱한 시내에 공급할만치 그 풍부한 수량이 오히려 같은 수원으로부터 여러 군데로 흐르는 어느 시내보다 푸짐한 것처럼, 많은 주석가들에게 도움을 줄 당신 사환의 서술도 적으나 진리의 맑은 강물이 곤곤하여서, 각자가 제 나름으로 이 사람

은 이 진리, 저 사람은 저 진리를 여기에서 발견하여 완곡한 표현으로 이 주제를 발전시키게 되는 것입니다(최민순 역, 2판 369쪽).[1]

이런 일은 그대에게 놀랍고도 너무 과감한 것으로 보일 것이다. 그러나 그런 과감한 일을 감히 말할 필요가 있다. **텍스트**의 의미는 만일 그대가 공헌을 기피하면, 만일 그대의 내밀하고도 개인적인 주석학으로서 보편적인 주석학의 충만함에 기여하지 않으면, 그 총체적인 충만성에 이르지 못할 것이다. 이런 주석학에 신비체의 구성원 모두가 각자의 공헌을 보탤 것이기 때문이다. 성경의 **충만한 의미**는 하느님께서 말씀하실 때 **보편성**Catholica의 효성어린 귀가 알아듣는 화성의 빠짐없는 총화이기도 할 것이기 때문이다. "나의 딸아, 들어라. …"(시편 45,11). 그대가 독방의 고독 속에서 오늘 발견하는 의미는 이 화성의 일부를 의당 구성하고 있다. 그것은 이제부터 영원히, 이후 모든 세대들이 텍스트의 여백과 행간에 기입할 **해설**Glossa 속에 기록되어 있다. 우리는 거대한 해석학적 작업장과도 같은 이 **해설**을 위대한 랍비 주해와도 같이 묘사해 보고 싶어질 것이다: 랍비 주해들은 이미 그 질료적 배치 자체가 의미심장하다. 거룩한 본문은 페이지의 한가운데 굵은 서체로 나타나고, 그 주위에 중요성에 따라 다양한 서체로 랍비들의 주석이 배치되어 있는 것이다. 비록 우리의 **유일한 스승**께서 우리가 랍비라는 호칭을 듣지 않도록 명령하셨지만(마태 23,8 참조), 우리 역시 성경의 여백에 아주 작은 글꼴로 살아 계신 하느님의 말씀께서 우리 안에 불러일으키신 **고백** — 아우구스티누스가 쓴 말의 의미로! — 을 겸손되이 기록하는 일은 결코 금지된 일이라 할 수 없는 것이다.

우리는 앞에서 성경에 대한 **심포니적인 독서**에 관해서 말했다. 요컨대 성경 전체를 동시에 귀기울여 들어야 한다는 것, 성경의 음악 그 총체를 들어야 하며, 예형론의 안목으로 그 모든 음역을 다 들을 줄 알아야 한다는 것이다. 조금 전에 거룩한 독서의 교회적 면모에 관해서 말한 것은 이 **심포니적 독서**의 새로운 의미를 엿보게 해준다. 단지 성경의 내부적인 음악만을 경청할 뿐 아니라 세기들이 거듭함에 따라 성경이 생산해 낸 **관조적 독서**, 주해서들의 음악도 들을 필요가 있다. 이리하여 우리가 참으로 심도있는 방식으로 성경의 한 텍스트를 연구할 때에, 성경 내부의 화음을 듣고 난 뒤에, 그 풍요로움 및 다양한 방식과 함께 **거룩한 전통의 화음들도** 경청해야 한다. 오리게네스, 알렉산드리아의 치릴로, 암브로시오, 예로니모, 아우구스티누스 그리고 수많은 다른 주석가들을 경청하고 십자가의 요한과 리지외의 데레사, 페기와 클로델, 교부들, 신학자들, 시인들의 말씀도 경청하라는 말이다. 바로 이것이 심포니적 독서, 형제적이고도 가족적인 독서, 성경의 보편적 독서다! 그리고 성경을 **이야기하는** 목소리들의 이 보편성 안에서 — "narrantes carmina Scripturarum"(성경책들의 노래를 낭송하는, 집회 44,5 불가타 역본) —

반드시 거장들만이 우리의 주의를 끄는 것은 아니다. 이런 부모, 저런 친구, 옛적에 강론을 들은 적이 있는 어느 사제, 자기의 고유한 발견을 우리에게 전해줄 그런 형제들의 말씀도 경청해야 하리라. 성체성사와 마찬가지로 성경도 **온 교회의 공동선**인 것이다.

주

[1] Augustin, *Confessions*, L. XII, XXVII, 37, *BA* 14, 407, trad. E. Tréhorel.

21

거대한 열정

수도승 전통은 그 시초에서부터 완덕에 도달한 수도승이 갖추어야 할 덕성들의 목록 중에 정열 — 열정 혹은 욕정 — 의 부재 상태라 일컬을 수 있는 **아파테이아**_apatheia_(내적 자유)를 즐겨 꼽아 넣었다. 그렇다면 모든 열정은 우리의 삶에서 절대적으로 추방하라는 말인가? 예수 자신이 우리와 함께 "이 해방절 음식을 나누기를 참으로 간절히 바랐습니다"(루가 22.15 참조)라고 했고, 또한 자신은 세상에 불을 지르러 왔기에 "그 불이 이미 불타오르는 것"을 보기를 간절히 원한다(루가 12.49 참조)는 고백을 하셨는데, 이때 그분에게서 아무런 **열정**도 없었다고 할 수 있겠는가? 그렇다. 만일 우리가 어떤 열정을 마음으로 지녀도 된다면, 그것은 바로 성경에 대한 열정이다!

주여, 내 당신 법을 얼마나 사랑하는지!
온종일 두고두고 묵상하나이다(시편 119,97).

비할 바 없는 기쁨의 샘:

당신 말씀을 발견하고 그것을 받아먹었더니,
당신 말씀이 제게 기쁨이 되고
제 마음에 즐거움이 되었나이다(예레 15,16).

눈물의 샘:

"오늘은 주 여러분의 하느님께 거룩한 날이니,
슬퍼하지도 울지도 마십시오."
율법의 말씀을 들으면서 온 백성이 울었기 때문이다

(느헤 8,9).

모든 것으로부터 분리된 사람, 곧 수도승은 **외사랑의 사람**이다. 수도승 독방 안의 책상 위에 오직 한 권의 책만이 펼쳐져 있어서, 여기서 그가 유일한 사랑이신 분의 마음에 밤낮으로 쏠리는 이유도 **바로 그것이다.** "이스라엘아, 들어라! 주 우리 하느님께서는 한 분이신 주님이시다"(신명 6,4). 그렇다면 그분이 우리에게 말씀하시는 자리인 이 유일한 책을 어떻게 우리가 열정적으로 사랑하지 않을 수 있단 말인가? 모든 역사를 망라하는 결정적인 이 책이 창조와 구원, 그리고 완세完世를 한꺼번에 포함함으로써 만사의 제일 원인과 함께 그 궁극적 목적도 계시해 준다. 이 책은 또한 하나의 **백과사전**이라 할 수 있어서, 우주와 인간에 관한 모든 질문에 첨단과학이나 인문과학보다 더 나은 대답을 전해준다. 왜냐하면 이 백과사전이 그 학문들에게 진정한 평화를 가져다주기 때문이다. 이 책은 또한 **은유들의 양어장**에 비유할 수 있어서, 신학자는 여기에서 개념들을 작업해 낸다. 성경은 또한 **인간 마음의 명세서**와 같아서 여기에 인간의 폭력과 다정함 그리고 가장 섬세한 변수變數들이 언제나 신선하게 다가오는 진실성과 함께 다 기재되어 있다. 나아가 성경은 언제나 어린이로 남아 있는 우리가 즐겨 책장을 넘기는 그림첩과도 같다. 이렇게 나열하고 나서도 이 거룩한 책이 우리에게 또 무엇과 같은가 하는 것에 대해 끊임없이 더 말할 수 있을 것이다.[1] 그러고도 사람들은 이 거룩한 책이 우리를 위해서 어떤 책인가에 대해 계속 말하게 될 것이다. 이 책은 이것을 쓰신 분의 속성屬性들 그 자체에 참여한다. 이 책은 단순하고 거대하며 영원하다. 이 영원한 책을 통해서 하느님은 당신의 진리, 선하심, 당신의 아름다움을 우리에게 **택배**宅配**해 주신다**.

바로 이것이 우리가 하느님으로부터 받은 **편지들**, 문자들이다: 이것이 바로 우리의 편지다. 바로 이 편지에 우리 삶의 큰 사랑이 자리해야 한다. **편지에 대한 사랑**과 **하느님께 대한 갈망** 사이에는 아무런 갈등도 없다.[2] 왜냐하면 **편지의 저자**는 바로 하느님 자신이기 때문이다. 그리고 교회의 어머니다운 교육법에 유순히 따르는 가운데 **편지**를 현실화시키는 성사생활 안에서 이 **편지들**은 우리가 하느님을 만나도록 이끌어 주는 필수불가결한 여정이 되기 때문이다.

성경은 우리의 보물이다. 우리는 베네딕도 수도자로서 정주定住서원을 했다: 그렇다면 성경은 우리의 공간, 양떼가 풀을 뜯어먹는 목장이다. 우리는 고독 속에서 은둔隱遁의 삶을 살고 있다: 성경은 우리의 동료요 사회여서, 아담에서 바울로 서간에 등장하는 미미한 배역의 인물들에 이르기까지, 어느 누구도 우리와 동시대인이 아닌 이가 없다. 우리의 아버지 아브라함이 부르심을 받던 바로 그날, 하느님으로부터 이런 말을 들었다: "네 고향을 떠나 … 내가 너에게 보여줄 땅으로 가거라"(창세 12,1). 이와 똑같이 우리 각자도 저마다가 회개한 그날 마치 아브라함 앞에 약속의 땅을 숨긴 거대한 지평선이 펼쳐졌듯이 그렇게 자기 앞에 성경이 펼쳐져 있음을 체험하였다. 우리 역시 약속의 땅을 위해서 아브라함이 그랬던 것처럼 성경의 뜻을 발견하기 위해 모든 것을 버리고 떠나야 한다. 우리 역시 약속의 땅을 정찰하던 선조들처럼(민수 13,17 참조) 성경을 **정찰**하기 위해 나서야 한다. 성경은 우리의 **약속된 땅**, 우리의 왕국, 우리의 모험이다. 이것은 우리 삶 전체를 걸고 나서는 **주석적 모험**이다. 주님께서 몸소 단어와 형상 너머로, 자음들 너머로 우리를 인도하시며 당신이 거하시고 우리에게 말씀하시는 그 불떨기로 이끄실 때까지 우리는 유목민의 정신을 지녀야 한다. 그리고 지칠 줄 모르는 순례자처럼 **의미**를 향해 기쁜 마음으로 탐색을 계속해 가야 한다. 부활하신 예수는 길 위에서 앞서가는 우리를 따라잡고 또 거기서 우리를 동반해 주신다. **의미 자체**이신 그분, **충만함과 성경의 주석가**이신 바로 그분이 말이다. 그분이 접근해 오시면 사람의 마음들과 자음들이 **불타오르기도 하고, 꽃이 피기도 한다.**

(샬롬 · 평화)

주

[1] "너는 네 자신으로 그리고 네가 친숙하게 된 책들로 되돌아오라. 이 안에 그토록 많은 인생과, 그토록 다양한 사례들과, 그토록 많은 즐거움과 부드러움이 존재한다." Grégoire de Nazianze, *Lettre* 165, "à Timothée"("한 젊은 "신학자"), *PG* 37, 273 C.

[2] 베네딕도 회원 J. Leclercq 신부의 유명한 저서 *L"amour des lettres et le désir de Dieu*(『글에 대한 사랑과 하느님께 대한 갈망』)의 제목을 두고 하는 말.

파 견

렘브란트, 「성경 읽는 예언녀 안나」
암스테르담 국립 미술관 소장

나오는 말

프라 안젤리코Fra Angelico의 평화로운 탐색자 다음에, 성경을 읽고 있는 렘브란트Rembrandt의 노모老母도 자기 차례가 와서 우리에게 **거룩한 독서**의 한 우의(알레고리)를 선사한다.

헤르마스 목자Pasteur d'Hermas가 본 환시들 중의 하나에서, 교회는 아주 늙은 여자의 이색적인 모습으로 나타난다. "무슨 이유로 그 여자는 그토록 연로하게 보이는가?"라고 헤르마스가 묻는다. 그러자 그에게 이런 대답이 주어졌다: "그 여자는 다른 모든 것에 앞서 창조되었기 때문이다. 바로 그런 이유로 이 여인은 나이가 많은 것이다. 그런데 바로 이 여자를 위해서 세상이 형성되었다"라고.[1]

그렇다면 무슨 이유로 교회의 한 형상 같은 것을 화가의 이 노모에게서 인정할 수 없단 말인가? 이 여자는 단순하게 책을 읽고 있지 않다는 점에 유의하자: 여자는 자신이 거기서 이미 오래전에 읽은 그 무엇을 찾고 있는 듯한 인상을 풍기며 책을 손으로 만져보고 있다. 사람들은 성전의 어슴푸레한 빛 속에 있는 **늙은 안나**를 떠올린다(루가 2,36-38 참조). 그 여자는 더이상 잘 보지도 못한다: "당신 약속 말씀들이 그리워서 이 내 눈이 지치오니, 제가 말하였나이다: 당신은 언제 절 위로해 주실 것이나이까?"(시편 119,82). 프라 안젤리코의 섬세하고도 유연한 **도미니코 성인의 손**은 책의 단면 위에 사뿐히 놓여 있다. 두텁고 노고에 지친 늙은 여자의 손은 페이지 한가운데 펑퍼짐하게 놓여 있다: 이 손은 바로 "당신을 더듬어 찾으면 발견하도록"(사도 17,27) 하셨기에 그렇게 찾고 있는 온 인류다. 높은 데서 쏟아지는 한 줄기 빛살이 얼굴에 그늘을 드리운 채 — "지금은 우리가 거울을 통해 어렴풋이 보고 있지만"(1고린 13,12) — 책 위와 여자의 손 위로 내려앉는다. 그러자 그녀의 몸짓은 확고하고도 무류성無謬性이 깃든 그 무엇을 가지고 있다. 크나큰 평화가 성경과의 물리적인 접촉으로부터 생긴다.

우리에게도 마찬가지로, 우리의 독서는 강생한 말씀과의 접촉이 되어야 한다. 파스카 여드레 후의 저녁에, 토마처럼 우리도 접촉하고 손으로 만져보며, 그리스도께서 "성경 말씀대로 일으켜지셨다"(1고린 15,4)는 사실을 고백하기 위해서, 자음들의 못자국에 손가락을 넣어보아야 한다. 그리고 손가락이 둔해지고, 눈은 침침해졌으며 기억력은 쇠퇴해졌을 시절에, 그 큰 책과의 육체적인 접촉은 빛에 도달하기 위해서 가장 확실한 매개체로 남는다. 수십 세기를 살아온 여자, 곧 **어머니-교회**는 당신의 무릎 위에 그 위대한 책을 펼쳐놓고 있다. 바로 이 여자가 우리에게 그 책을 읽어 주고, 그것을 우리에게 가르쳐 주며, 그것을 무수히 많은 손자 손녀들에게 끝없이 이야기해 준다. 이 여자는 우리가 경청할 필요가 있는 페이지들을 본능적으로 즉시 찾아낸다.

주

[1] Hermas, *Le Pasteur*, *Vision* II, 4, 1, *SC* 53 bis, 97.